Forum Innere Führung

herausgegeben vom
Bildungswerk des Deutschen BundeswehrVerbandes

Band 43

Ines-Jacqueline Werkner

Die Bundeswehr im neuen Modus der Landes- und Bündnisverteidigung – Wehrpflicht revisited?

Onlineversion
Nomos eLibrary

Die Deutsche Nationalbibliothek verzeichnet diese Publikation in
der Deutschen Nationalbibliografie; detaillierte bibliografische
Daten sind im Internet über http://dnb.d-nb.de abrufbar.

ISBN 978-3-7560-1089-9 (Print)
ISBN 978-3-7489-4114-9 (ePDF)

1. Auflage 2023
© Nomos Verlagsgesellschaft, Baden-Baden 2023. Gesamtverantwortung für Druck
und Herstellung bei der Nomos Verlagsgesellschaft mbH & Co. KG. Alle Rechte, auch
die des Nachdrucks von Auszügen, der fotomechanischen Wiedergabe und der Übersetzung, vorbehalten. Gedruckt auf alterungsbeständigem Papier.

Vorwort

Über 70 Jahre haben wir in weiten Teilen Europas in Frieden, Freiheit und Sicherheit gelebt. Dass dies keine Selbstverständlichkeit ist, führt uns der russische Angriffskrieg in der Ukraine vor Augen. Dieser Krieg und die damit verbundene fundamental neue Friedens- und Sicherheitsarchitektur, in der wir uns in Europa aktuell und auf absehbare Zeit befinden, haben dazu beigetragen, dass die Debatte über die Einführung eines gesellschaftlichen Pflichtdienstes wieder deutlich an Fahrt gewinnt.

Bereits kurz nach meiner Amtsübernahme im Jahr 2020 regte ich eine breite Diskussion über das Für und Wider eines Pflichtdienstes an. Diese Initiative stieß aus verschiedensten Gründen noch auf breite Ablehnung im politischen Berlin. Das hat sich mittlerweile geändert und darüber freue ich mich. Dabei geht es mir keineswegs um eine Rückkehr zur alten Wehrpflicht. Sie würde aktuell nicht weiterhelfen. Für die Bundeswehr von heute als moderne, hoch professionelle Freiwilligen- und Berufsarmee wäre sie auch gar nicht zielführend. Zudem würde es Jahre dauern, bis entsprechende Konzepte vorliegen würden und Infrastruktur und Ausbildungskapazitäten aufgebaut wären. Das können wir uns in der gegenwärtigen Situation nicht leisten.

Dennoch braucht die Bundeswehr auf jeden Fall mehr Personal. Daher müssen wir jetzt die Diskussion über die Einführung einer neuen Art der Wehrpflicht beginnen – auch über die Frage, wieviel Freiwilligkeit möglich, wieviel Zwang notwendig ist. Diese Idee geht weit über Wehrpflicht und Bundeswehr hinaus. Vielmehr geht es darum, dass sich junge Menschen eine gewisse Zeit in unserer Gesellschaft und für unsere Gesellschaft engagieren. Das kann bei der Bundeswehr sein, aber auch in sozialen und karitativen Einrichtungen, in Kunst und Kultur oder im Bereich Umwelt und Nachhaltigkeit. Besonders wichtig ist mir in dieser Debatte, den Augenmerk auf einen hohen Grad an Freiwilligkeit, eine größtmögliche gesellschaftliche Akzeptanz und eine noch stärkere Verankerung der Bundeswehr in unserer Gesellschaft zu richten.

Wie eine zeitgemäße Wehrpflicht aussieht, beschreibt die Studie am Beispiel Schwedens. In Schweden gilt die Wehrpflicht für Frauen und Männer. Die Devise lautet gewissermaßen: Qualität statt Quantität, was durch verschiedene Instrumente erreicht wird. Hieran könnten wir uns für die

Vorwort

Bundeswehr orientieren, sollten wir uns als Gesellschaft zur Einführung eines allgemeinen Dienstes entscheiden.

Ein gesellschaftlicher Dienst ist ein kontroverses Thema, das nicht nur Befürworterinnen und Befürworter hat. Es ist ein Thema mit vielen Facetten und es betrifft die Gesellschaft als Ganzes. Darüber lohnt es sich mit allen Akteuren in all seiner Breite und Vielfalt, mit Sorgfalt und Augenmaß zu diskutieren. Dazu kann diese gute und umfassende Studie einen wertvollen Beitrag leisten. Danken möchte ich Frau Dr. Ines-Jacqueline Werkner, dass sie sich zur rechten Zeit dieser Thematik angenommen hat.

Berlin, April 2023   Dr. Eva Högl
                                           Wehrbeauftragte des Deutschen Bundestages

Unsere Gesellschaft muss resilient werden. Aber wie?

Wer dieser Tage den Diskurs in Deutschland verfolgt, gewinnt den Eindruck großer Einigkeit: Wir sehen uns mit einer Zeitenwende konfrontiert, radikale Veränderungen müssen die Konsequenz sein. Und tatsächlich hat sich nach der viel beachteten Rede des Bundeskanzlers am 27. Februar 2022 viel getan – angefangen beim 100-Milliarden-Sondervermögen bis zur Abgabe von Kampfpanzern an ein Land im Krieg. Doch alle diese Entwicklungen, die vor Kurzem noch undenkbar erschienen, können nicht über einen Umstand hinwegtäuschen: Bei der Zeitenwende geht es nicht nur um Geld und Waffen – es geht um ein neues gesellschaftliches Selbstverständnis. Um Resilienz, diese Mischung aus Bewusstsein, Widerstandsfähigkeit und Wehrhaftigkeit.

Der brutale Überfall der russischen Föderation auf die Ukraine hat für alle sichtbar gemacht, was viele Experten seit Jahren sagen. Der russische Präsident setzt seit Langem schon auf Gewalt, um seine Ziele zu erreichen. Und diese Ziele haben nichts mit unseren zu tun. Wladimir Putin pfeift auf das Völkerrecht und unsere europäische Friedensordnung. Er hält den Westen für schwach und uneinig und nutzt alle Mittel, um uns zu destabilisieren. Völlig unabhängig davon, wann und wie der heiße Krieg in der Ukraine erkalten wird: Wladimir Putin wird sehr sicher nicht von seinem Ziel der Vernichtung der Ukraine und der Wiederherstellung des alten Sowjetreiches abrücken. Er wird sich nicht auf einmal wieder an Regeln halten und die Hand zum Frieden ausstrecken. In der Ukraine, deren Menschen gepeinigt sind vom völkerrechtswidrigen Angriffskrieg und den zahllosen unaussprechlichen Menschenrechtsverletzungen durch russische Soldaten und Söldner, aber nicht nur dort, wird die große Herausforderung der kommenden Jahre deutlich: der erstarkende Systemkonflikt zwischen Autokratien und Demokratien.

Natürlich ist jetzt nationaler und internationaler Zusammenhalt unserer Wertegemeinschaft das Gebot der Stunde: Es gilt, neben allen diplomatischen Bemühungen die Ukraine mit aller Kraft humanitär, finanziell und militärisch zu unterstützen. Ebenso wichtig ist aber, die Bundeswehr wieder in den Zustand der vollen Einsatz- und Verteidigungsfähigkeit zu versetzen und sicherzustellen, dass sie ihren verfassungsmäßigen Auftrag zur Landes- und Bündnisverteidigung erfüllen und die Zusagen der Bundesrepublik an ihre Verbündeten einhalten kann. Wir müssen nicht nur abschrecken wollen, sondern letztendlich auch können.

Damit auf wohlklingende Reden und formulierte Erkenntnisse auch tatsächlich Entscheidungen und Veränderungen folgen, ist die dafür notwendige politische Willensbildung und gesellschaftlicher Rückhalt notwendig. Das unterscheidet uns von den Autokratien, ist aber entscheidender Teil der Herausforderung. Die Menschen in Deutschland müssen die Fähigkeit erwerben, im Falle von Krisen, Katastrophen oder schlimmstenfalls im Krieg willens und fähig zum Widerstand zu sein. Ohne gesellschaftliche Resilienz werden wir in den Zeiten, die auf und zukommen, nicht bestehen können.

Leider vermisse ich bis heute Antworten der Bundesregierung auf die Frage, wie sie unsere Gesellschaft resilienter machen möchte. Ich vermisse die Befassung mit so grundsätzlichen Fragen wie der nach der wehrhaften Demokratie, der Auseinandersetzung mit den unterschiedlichen Bedrohungen oder einem Konzept der „Total Defence", wie es unsere skandinavischen Partner haben. Resilienz kommt nicht über Nacht. Sie muss erarbeitet werden. Die bewundernswerte Widerstandsfähigkeit der Menschen in der Ukraine und die heldenhafte Verteidigungsbereitschaft ihrer Streitkräfte entstand nicht am 24. Februar 2022, sie wurde mit Blut, Schweiß und Tränen seit 2014 mühsam erarbeitet. Wie das in Deutschland, wo sich laut einer Umfrage nur fünf Prozent im Kriegsfall freiwillig melden würden, aber 24 Prozent schnellstmöglich das Land verlassen wollen, gelingen kann, muss diskutiert werden. Das gilt auch für das von Bundespräsident Steinmeier angeregte allgemeine oder soziale Pflichtjahr oder die von Teilen der Gesellschaft geforderte Rückkehr zur alten Wehrpflicht.

Die Untersuchung der Forschungsstätte der Evangelischen Studiengemeinschaft, Institut für interdisziplinäre Forschung, in Heidelberg beleuchtet die Erfahrungen der Bundeswehr mit der Aussetzung der Wehrpflicht sowie die neu entstandenen Freiwilligendienste. Sie thematisiert die Auswirkungen der Rückbesinnung auf Landes- und Bündnisverteidigung und wirft einen aktuellen Blick auf den Umgang anderer europäischer Länder mit der Wehrpflicht. Sie ist damit Anstoß und Beitrag zu der nach über einem Jahr Krieg in Europa überfälligen und so dringend benötigten Debatte. Lassen Sie uns die Diskussion jetzt beginnen!

Berlin, April 2023 　　　　　　　　　　　　　　Oberst André Wüstner
　　　　　　　Bundesvorsitzender des Deutschen BundeswehrVerbandes

Inhaltsverzeichnis

Abbildungsverzeichnis 13

1 Einleitung 17
1.1 Ausgangslage 17
1.2 Leitfragen der Studie 18
1.3 Methodischer Zugang 20
1.4 Danksagung 21

2 Die Aussetzung der Wehrpflicht 2011 und ihre Hintergründe 23
2.1 Der Wehrstrukturwandel in Europa seit den 1990er Jahren 23
2.2 Die politische Entscheidung zur Aussetzung der Wehrpflicht in Deutschland 28

3 Erfahrungen der Bundeswehr mit der Aussetzung der Wehrpflicht 34
3.1 Der Strukturwandel der Bundeswehr: Aussetzung der Wehrpflicht und Einführung des Freiwilligen Wehrdienstes 34
3.2 Entwicklungen im Bewerberaufkommen 41
3.3 Entwicklungen in der Reserve 49
3.4 Die gesellschaftliche Akzeptanz in Deutschland zu Wehrpflicht, Freiwilligenstreitkräften und Bundeswehr 51
3.5 Innere Führung in einer Freiwilligenarmee 57
3.6 Das Ende des Zivildienstes und die Einführung des Bundesfreiwilligendienstes 62

4 Die Refokussierung auf die Landes- und Bündnisverteidigung – ein erneuter Paradigmenwechsel? 68
4.1 Die Rückkehr zur Geopolitik 68

Inhaltsverzeichnis

4.2 Die stärkere Akzentuierung der Landes- und
Bündnisverteidigung – eine Analyse der strategisch-
konzeptionellen Grundlagendokumente 2014-2021   71

4.3 Der Heimatschutz als Aufgabe der Bundeswehr   76

5   Das Pilotprojekt „Dein Jahr für Deutschland"   79

5.1 Die Einführung eines neuen freiwilligen Wehrdienstes im
Bereich des Heimatschutzes   79

5.2 Erste Berichte und Erfahrungen von Rekrutinnen und Rekruten
sowie Ausbilderinnen und Ausbildern   81

    5.2.1 Motivationen der Rekrutinnen und Rekruten   81
    5.2.2 Aufgabenspektrum   82
    5.2.3 Weiterverpflichtung und Personalgewinnung   84
    5.2.4 Zwischenfazit   88

5.3 „Dein Jahr für Deutschland" – Ergänzung oder Konkurrenz zu
Einrichtungen des Bevölkerungs- und Katastrophenschutzes?   88

6   Aktuelle Entwicklungen angesichts des Ukrainekrieges   93

6.1 Die finanzielle Trendwende in der Bundeswehr   93

6.2 Personalgewinnung versus Anforderungen   94

6.3 Die „Zeitenwende" im öffentlichen Meinungsbild   96

7   Europäische Debatten und politische Entscheidungen um die
Wiedereinführung der Wehrpflicht   99

7.1 Die Aussetzung und Wiedereinführung der Wehrpflicht in
Schweden   99

7.2 Die Aussetzung und Wiedereinführung der Wehrpflicht in
Litauen   102

7.3 Pläne der Wiedereinführung der Wehrpflicht in Lettland   104

7.4 Weitere Debatten um eine Wiedereinführung der Wehrpflicht in
europäischen Staaten   106

8 Fazit – Plädoyer für die Einführung einer selektiven
   Wehrpflicht   112

Durchgeführte Interviews   115

Literatur   121

Abbildungsverzeichnis

Abbildung 1: Entwicklungstrends 1990–2022: Wehrstrukturtypen nach Karl W. Haltiner — 26

Abbildung 2: Wehrpflicht in Europa – nationale Trends — 28

Abbildung 3: Bundeswehr – Personalentwicklung seit 1989 und Reformziel — 34

Abbildung 4: Anzahl der Soldatinnen und Soldaten der Bundeswehr 2000-2022 — 35

Abbildung 5: Laufbahngruppen der Bundeswehr – Entwicklung 2005-2021 — 36

Abbildung 6: Motive für den Freiwilligen Wehrdienst — 38

Abbildung 7: Anteil von Frauen im Freiwilligen Wehrdienst — 40

Abbildung 8: Anteil von FzWDL und FWDL in Auslandseinsätzen — 40

Abbildung 9: Bewerbungen und Einplanungen 2005-2022 – Offiziere — 42

Abbildung 10: Bewerbungen und Einplanungen 2005-2022 – Feldwebel, Unteroffiziere und Mannschaften (SaZ) — 43

Abbildung 11: Höchster Schulabschluss der Unteroffiziersanwärter/innen (SaZ) 2010-2022 — 44

Abbildung 12: Höchster Schulabschluss der Mannschaftsanwärter/innen (SaZ) 2010-2022 — 45

Abbildung 13: Bewerbungen und Einplanungen 2013-2022 – FWDL — 46

Abbildungsverzeichnis

Abbildung 14: Höchster Schulabschluss der Wehrdienstleistenden 2010-2022   47

Abbildung 15: Friedensumfänge und Aufwuchsfähigkeit der Bundeswehr   50

Abbildung 16: Einstellungen der Bevölkerung im Jahr 2010 zur Zukunft der Wehrpflicht   52

Abbildung 17: Zustimmung zu einem Freiwilligen Wehrdienst im Jahr 2010   53

Abbildung 18: Persönliche Einstellung zur Bundeswehr im Zeitvergleich   54

Abbildung 19: Vertrauen in die Bundeswehr im Zeitvergleich   55

Abbildung 20: Aussagen zum Verhältnis Bundeswehr und Gesellschaft   56

Abbildung 21: Anzahl der Kriegsdienstverweigerer im Zeitvergleich   62

Abbildung 22: Anzahl der Grundwehrdienst- und Zivildienstleistenden 1997-2009   63

Abbildung 23: Durchschnittliche Anzahl der Bundesfreiwilligen 2012-2022   65

Abbildung 24: Anzahl der Bundesfreiwilligen nach Altersgruppen und Geschlecht 2022   66

Abbildung 25: Zwei Säulen der Sicherheitsvorsorge   77

Abbildung 26: Höchster Schulabschluss der FWDL und FWD-Hsch im Vergleich   80

Abbildung 27: Trendwende Finanzen   93

Abbildung 28: Bedrohungsfaktoren – Wahrnehmungen in der
Bevölkerung 2022   96

Abbildung 29: Verteidigungsausgaben und Personalumfang im
Zeitvergleich   97

Abbildung 30: Wehrdienst und Verteidigungsbereitschaft 2022   98

1 Einleitung

1.1 Ausgangslage

Mit dem Ende des Kalten Krieges veränderte sich das Aufgabenspektrum der Streitkräfte – nicht nur in Deutschland, sondern in ganz Europa. Zwar blieb die Landes- und Bündnisverteidigung stets fester Bestandteil des militärischen Auftrages, der Fokus verschob sich aber zunehmend in Richtung internationale Einsätze. Mit dem veränderten Aufgabenspektrum einher gingen neue Anforderungen an Bewaffnung und Ausrüstung sowie eine Restrukturierung der Streitkräfte. Damit stand auch die Wehrpflicht in vielen europäischen Ländern zur Disposition. Insbesondere in Deutschland wurde um sie gerungen. Für viele galt die Wehrpflicht als „das legitime Kind der Demokratie" (Theodor Heuss). Abgesehen von der angenommenen Demokratieadäquanz, die durchaus umstritten ist, verbindet sich mit der Frage nach Wehrpflicht- oder Freiwilligenstreitkräfte weitaus mehr als die Form der Rekrutierung des militärischen Personals. Sie beeinflusst das gesamte Wehrsystem und hat direkte Auswirkungen auf die zivil-militärischen Beziehungen und damit auf die Stellung des Militärs in der Gesellschaft.

Vor diesem Hintergrund war der Vorstoß des damaligen Verteidigungsministers Karl-Theodor zu Guttenberg (CSU), dem allgemeinen europäischen Trend zu folgen und die Wehrpflicht in Deutschland zum 1. Juli 2011 auszusetzen, von zahlreichen politischen und gesellschaftlichen Widerständen begleitet. Mit diesem Bruch einer bundesdeutschen Tradition sollte das Ziel, die Verteidigungsressourcen Deutschlands den aktuellen und künftigen sicherheitspolitischen Herausforderungen anzupassen, erreicht werden (vgl. Kulak et al. 2018).

Zehn Jahre nach ihrer Aussetzung sind Fragen um die Wehrpflicht und Forderungen nach ihrer Wiedereinführung nicht verstummt: So forderte beispielsweise im Juli 2020 die Wehrbeauftragte des Deutschen Bundestages, angesichts der rechtsextremistischen Vorfälle in der Bundeswehr eine

1 Einleitung

Debatte über die Wiedereinführung der Wehrpflicht.[1] Und auch die jüngsten sicherheitspolitischen Entwicklungen in Europa mit dem russischen Angriffskrieg gegen die Ukraine befördern noch einmal die Frage um die Wehrpflicht. In diesem Kontext konstatiert der Direktor des Instituts für Sicherheitspolitik an der Universität Kiel, Joachim Krause, einen Tag nach Kriegsbeginn:

> „Wir werden erleben, dass die NATO jetzt wieder umschaltet auf eine Abschreckungsstrategie und dann werden wir Deutschen auch mitmachen müssen, denn Deutschland ist das wichtigste Land, was die Landstreitkräfte betrifft und da sind noch große Defizite. Und ich denke mal, wir werden möglicherweise wieder die Wehrpflicht einführen müssen."[2]

Selbst ein Blick auf die europäische Landkarte zeigt, dass eine Rückkehr zu einer allgemeinen Wehrpflicht kein deutscher Sonderfall wäre. So hat beispielsweise Schweden die 2010 ausgesetzte Wehrpflicht 2017 wieder eingeführt. Ebenso hat Litauen die aufgehobene Wehrpflicht wieder implementiert. Auch hier waren es vor allem sicherheitspolitische Erwägungen, insbesondere die russische Annexion der Krim und der sich anschließende Krieg in der Ostukraine, die das Land zu diesem Schritt veranlasste. Aber auch in weiteren europäischen Ländern gab und gibt es Debatten über die Form der Rekrutierung ihrer Streitkräfte. Erst jüngst erklärte Lettland, angesichts des russischen Angriffs auf die Ukraine die Wehrpflicht 2023 wieder einzuführen. Galt die Wehrpflicht in den letzten 20 Jahren in Europa als sicherheitspolitisches Auslaufmodell, konstatiert Matthias Bieri (2015) vom *Center for Security Studies* (CSS) der ETH Zürich eine „neue Relevanz" für Europa.

1.2 Leitfragen der Studie

Vor dem Hintergrund der aktuellen sicherheits- und verteidigungspolitischen Entwicklungen und der Refokussierung der Landes- und Bündnisverteidigung soll die Aussetzung der Wehrpflicht einer Analyse unterzogen werden. Im Fokus der Betrachtung stehen vier Fragenkomplexe:

---

1 Vgl. u.a. https://www.zeit.de/politik/deutschland/2020-07/bundeswehr-wehrbeauftragte-eva-hoegl-wehrpflicht-deutschland-wiedereinfuehren-rechtsextremismus?page=38&utm_referrer=https%3A%2F%2Fwww.google.de%2F.
2 https://www.sat1regional.de/werden-moeglicherweise-wieder-die-wehrpflicht-einfuehren-muessen-russland-experte-im-interview/. Zugegriffen: 7. April 2022.

1.2 Leitfragen der Studie

Ein *erster Schwerpunkt* nimmt die Erfahrungen der Bundeswehr mit dem Wandel des Rekrutierungssystems in den Blick und analysiert diese unter den folgenden Leitfragen:

- Welche Erfahrungen hat die Bundeswehr mit der Aussetzung der Wehrpflicht und der Einführung des Freiwilligen Wehrdienstes gemacht? Welche Entwicklungen sind im Bewerberaufkommen zu verzeichnen?
- Wie steht die Bevölkerung zu ihren Streitkräften und wie integriert ist die Bundeswehr in die Gesellschaft? Wie hat sich die gesellschaftliche Akzeptanz der Bundeswehr mit der Aussetzung der Wehrpflicht verändert?
- Das Konzept der Inneren Führung mit dem „Staatsbürger in Uniform" wurde in einer Wehrpflichtarmee entwickelt. Welche Auswirkungen haben die Aussetzung der Wehrpflicht und der Wandel zur Freiwilligenarmee auf dieses Konzept?
- An die Wehrpflicht gekoppelt war der Zivildienst; als solcher galt er auch häufig als inoffizieller Grund für ihre Beibehaltung. Welche gesellschaftlichen Auswirkungen hatte die Abschaffung des Zivildienstes? Welche Erfahrungen wurden mit der Einführung des Bundesfreiwilligendienstes gemacht?

Ein *zweiter Fokus* richtet sich auf die veränderte sicherheitspolitische Lage in Europa, die sich bereits seit 2014 mit der russischen Annexion der Krim abzeichnete und mit Putins Angriffskrieg gegen die Ukraine 2022 zu einer Zäsur in der europäischen Friedens- und Sicherheitsordnung geführt hat. Mit diesen Entwicklungen einer geht eine stärkere Akzentuierung der Landes- und Bündnisverteidigung. In den Blick zu nehmen ist hier, was die verstärkte Rückbesinnung auf die Landes- und Bündnisverteidigung bedeutet und inwieweit diese gegebenenfalls auch ein erneutes Überdenken des Rekrutierungssystems notwendig macht.

Ein *dritter Schwerpunkt* widmet sich dem im April 2021 gestarteten Pilotprojekt „Dein Jahr für Deutschland". Mit ihm ist der freiwillige Wehrdienst um die Komponente des Heimatschutzes erweitert und damit insgesamt gestärkt worden. Die Studie nimmt die Umsetzung dieses Pilotprojektes in den Blick, analysiert die ersten Berichte und Erfahrungen der Rekrutinnen und Rekruten sowie der Ausbilderinnen und Ausbilder, fragt nach der Annahme dieses Projektes in Politik und Gesellschaft und untersucht, wie sich das Pilotprojekt „Dein Jahr für Deutschland" von Einrichtungen des Katastrophenschutzes abgrenzt und wo eine Zusammenarbeit stattfindet.

1 Einleitung

Schließlich reflektiert ein *vierter Schwerpunkt* die europäischen Erfahrungen mit der Aussetzung und Wiedereinführung der Wehrpflicht: Welche Faktoren haben nach der Aussetzung der Wehrpflicht zu ihrer Wiedereinführung geführt? Wie gestaltete sich der Prozess der Wiedereinführung der Wehrpflicht? Welche Erfahrungen wurden dabei gemacht? In diesem Kontext stellt sich dann auch die Frage nach einer Wehrpflicht für Frauen.

Im Ergebnis bewertet die Studie den Wandel der Bundeswehr von der Wehrpflicht- zur Freiwilligenarmee, reflektiert diesen sowohl im Lichte der sicherheitspolitischen Entwicklungen der drei letzten Jahrzehnte als auch angesichts einer nunmehr wieder stärkeren Akzentuierung der Landes- und Bündnisverteidigung und gibt Empfehlungen für potenzielle Fortentwicklungen.

1.3 Methodischer Zugang

Methodisch wird ein empirisch-analytischer Zugang verfolgt. Dabei stützen sich die Ergebnisse der Studie neben der klassischen Literatur- und Dokumentenauswertung insbesondere auf qualitative Befragungen. Zur Evaluierung des Wandels der Bundeswehr von der Wehrpflicht- zur Freiwilligenarmee wurden vor allem leitfadengestützte Experteninterviews durchgeführt. Als Expertinnen und Experten gelten hier Funktionseliten, das heißt Repräsentantinnen und Repräsentanten der jeweiligen Organisationen, die selbst Teil des Handlungsfeldes sind und über spezifisches Wissen über die zu rekonstruierenden Sachverhalte verfügen (vgl. Gläser und Laudel 2010). Das beinhaltet zum einen die *politische Ebene*. Befragt wurden hier vor allem Vertreterinnen und Vertreter des außen- und verteidigungspolitischen Ausschusses des Deutschen Bundestages. Zweitens konnten mit Genehmigung des Bundesministeriums der Verteidigung empirische Untersuchungen auf *militärischer Ebene* durchgeführt werden. Es fanden Experteninterviews zum Wandel des Rekrutierungssystems statt. Befragt wurden Vertreterinnen und Vertretern des Einsatzführungskommandos der Bundeswehr, des Zentrums Innere Führung und der Karrierecenter der Bundeswehr. Zudem wurde das Pilotprojekt „Dein Jahr für Deutschland" evaluiert. Befragt wurden hier Rekrutinnen und Rekruten sowie deren Ausbilderinnen und Ausbilder während der Grund- bzw. Spezialausbildung und in der anschließenden Verwendung in den Landeskommandos. Drittens wurde die *zivilgesellschaftliche Ebene* einbezogen. Das umfasste Befragungen mit

Vertreterinnen und Vertreter des damaligen Zivildienstes und des heutigen Bundesfreiwilligendienstes. Des Weiteren wurden im Kontext des Pilotprojektes „Dein Jahr für Deutschland" Repräsentantinnen und Repräsentanten von Einrichtungen des Katastrophenschutzes befragt (Arbeiter-Samariter-Bund, Deutscher Feuerwehrverband, Deutsche Lebens-Rettungs-Gesellschaft, Deutsches Rotes Kreuz, Johanniter, Malteser-Hilfsdienst, Technisches Hilfswerk). Schließlich schlossen die empirischen Untersuchungen auch die *internationale Ebene* mit ein. Hier wurden politische und militärische Expertinnen und Experten zu ihren Erfahrungen mit der Aussetzung und Wiedereinführung der Wehrpflicht befragt (Schweden, Litauen), aber auch zu ihren Erfahrungen mit der Einführung einer Wehrpflicht für Frauen (Norwegen, Schweden). Insgesamt basiert die empirische Studie auf über 100 Interviews.[3]

Die Auswertung der Interviews erfolgte mit der qualitativen Inhaltsanalyse, konkret mit der Methode der inhaltlichen Strukturierung (vgl. Mayring 2015). Sie ermöglicht eine methodisch kontrollierte, schrittweise und systematische Extraktion relevanter Informationen aus dem vorhandenen Interviewmaterial. Diese Methode ist zugleich offen für neue Befunde und damit insbesondere für diese explorativ angelegte Studie geeignet.

1.4 Danksagung

Für die vorliegende Studie war der Zugang zur Bundeswehr – d.h. die Möglichkeit, Interviews mit Bundeswehrangehörigen aus verschiedenen Bereichen durchzuführen, sowie die Bereitstellung von Daten zur Entwicklung der Bewerbungslage und zum Bildungsniveau der Soldatinnen und Soldaten nach Laufbahnen – essenziell. Dass dieser ermöglicht wurde, verdankt die Autorin der Studie wesentlich der Unterstützung der Wehrbeauftragten des Deutschen Bundestages, Frau Dr. Eva Högl. Dafür gilt ihr ein großer

---

[3] Eine Liste der Interviews befindet sich im Anhang. An dieser Stelle möchte ich mich bei den Teilnehmerinnen und Teilnehmern des Forschungspraktikums an der Goethe-Universität Frankfurt a. M. herzlich bedanken, die im Sommersemester 2021 die Interviews zu dieser Studie durchgeführt haben, namentlich bei Paula Abbate, Aylin Altiparmak, Lena Katharina Berg, Eric Biermann, Henriette Dauber, Lukas Gies, Desiree Hoppe, Karoline Keßler, Joshua Krüger, Fenja Meinecke, Annika Müller, Anna Katharina Seyfert, Antonia Stürmer, Emil Suhrab, Amelie Theuer und Kathrin Vertgewall, Mein besonderer Dank gilt hierbei Aylin Altiparmak und Lukas Gies, die als studentische Hilfskräfte an der FEST sämtliche Interviews innerhalb der Bundeswehr durchgeführt und auch das Korrekturlesen der Studie übernommen haben.

1 Einleitung

Dank. Ebenso möchte sich die Autorin der Studie beim Bundesministerium der Verteidigung für die Genehmigung der empirischen Untersuchung und die Unterstützung sowohl im Kommando Streitkräftebasis als auch im Bundesamt für das Personalmanagement der Bundeswehr bedanken. Schließlich gilt der Dank dem Deutschen Bundeswehrverband für die finanzielle Förderung der Studie.

2 Die Aussetzung der Wehrpflicht 2011 und ihre Hintergründe

2.1 Der Wehrstrukturwandel in Europa seit den 1990er Jahren

Der Systemwandel 1989/90 hatte in Europa zu zwei wesentlichen Entwicklungslinien geführt: Zum einen war die unmittelbare territoriale Bedrohung weggefallen. Die Landesverteidigung stellte seit 1990 zwar eine weiterhin wichtige, aber eher unwahrscheinliche Aufgabe der Streitkräfte dar. Zum anderen waren neue sicherheitspolitische Risiken wie das Aufbrechen regionaler Konflikte oder der transnationale Terrorismus zu verzeichnen, von denen eine neue Gefährdung der internationalen Rechtsordnung und Sicherheit in Europa ausgingen.

Diese neue sicherheitspolitische Konstellation und ihre Folgen für die Streitkräfte sind allerdings nicht isoliert von den jeweiligen innenpolitischen Herausforderungen der einzelnen Länder zu betrachten. Eine – letztlich auch die Wehrstrukturen beeinflussende – wirtschaftliche Herausforderung stellte insbesondere die europäische Wirtschafts- und Währungsunion dar. Für die an ihr teilnehmenden EU-Staaten hieß es, auch angesichts zunehmender wirtschaftlicher und sozialer Probleme die Maastricht-Kriterien zu erfüllen. Für Länder wie beispielsweise Belgien oder Spanien besaß dieses Ziel oberste Priorität und führte auch zu entsprechenden Handlungsoptionen und Konsequenzen bezüglich des Staatshaushaltes.

Vor diesem Hintergrund entstand häufig ein innenpolitischer Druck, der in Verbindung mit der ersten Entwicklungslinie – der neuen sicherheitspolitischen Lage, dem Wegfall der territorialen Bedrohung und dem Einzug der Friedensdividende – zu einer deutlichen Reduzierung der Verteidigungsausgaben führte. Allein in den ersten zehn Jahren nach dem Systemwandel (1989-1999) reduzierten sich diese in Europa um die Hälfte – überproportional in Osteuropa (um 85 Prozent), aber auch in Westeuropa (um 30 Prozent); weitgehend konstant blieben die Verteidigungsausgaben in Nord- und Südeuropa (vgl. Werkner 2004, S. 20f.). In Deutschland betrug der Anteil der Verteidigungsausgaben am BIP im Jahr 1990 2,7 Prozent und reduzierte sich bis zum Ende der Wehrpflicht im Jahr 2011 auf 1,3 Prozent (vgl. Deutscher Bundestag, Wissenschaftliche Dienste 2017, S. 7).

Des Weiteren gingen mit dieser Entwicklung Reduzierungen der Streitkräfteumfänge einher. In den ersten zehn Jahren nach dem

Systemwandel halbierten sich die Streitkräftezahlen in Europa. Dabei erfolgten die größten Reduzierungen in der Phase zwischen 1989 und 1995 (vgl. Werkner 2004, S. 22ff.). 1990 besaß Deutschland – auch aufgrund der infolge des Einigungsvertrages übernommenen NVA-Soldaten – knapp 700.000 Soldaten.[4] Dieser Umfang war nach dem „2+4"-Vertrag bis 1994 auf 370.000 Soldaten zu reduzieren. Weitere Reduzierungen folgten. Zum Ende der Wehrpflicht waren es bereits weniger als 250.000 Soldaten (vgl. Werkner 2006, S. 102).[5]

Die Folge drastischer Streitkräftereduzierungen ist bei Wehrpflichtarmeen in der Regel eine erhöhte Wehrungerechtigkeit, das heißt die nicht mehr bestehende Möglichkeit, alle potenziell verfügbaren Wehrpflichtigen einzuberufen. Hinsichtlich der Wehrgerechtigkeit existieren vor allem zwei regulative Möglichkeiten: Zum einen lässt sie sich durch veränderte Anforderungen hinsichtlich der Tauglichkeit beziehungsweise durch eine Ausweitung der Wehrdienstausnahmen erhöhen. Damit verschiebt sich das Problem aber nur in Richtung Dienstungerechtigkeit. Diesen Weg beschritt Deutschland. Hier gab es keine Wehr-, dafür aber eine Dienstungerechtigkeit. Zum anderen kann die Wehrdienstdauer reduziert werden. Diese Maßnahme erhöht nicht nur die Wehrgerechtigkeit, sondern entsprach darüber hinaus auch der veränderten sicherheitspolitischen Lage jener Zeit: Der relativ unwahrscheinliche Fall der Landesverteidigung, verbunden mit langen Vorwarnzeiten, machte eine lange und umfassende Ausbildung von Wehrpflichtigen für die territoriale Verteidigung nicht mehr zwingend erforderlich. Vor diesem Hintergrund ist es in Europa seit 1990 auch zu – schrittweise vollzogenen – erheblichen Reduzierungen gekommen. In Deutschland verringerte sich die Wehrdienstdauer von 15 Monate (1973-9/1990) über 12 Monate (10/1990-1995), 10 Monate (1996-2001) und 9 Monate (2002-2010) auf 6 Monate (1/2011-6/2011).[6] Fällt die Wehrdienstdauer jedoch unterhalb einer bestimmten Grenze, besteht die Gefahr, dass die militärische Effektivität nicht mehr gegeben ist.

Gleichzeitig gewannen angesichts der zweiten Entwicklungslinie – der neuen sicherheitspolitischen Risiken seit 1989/90 – Einsätze im Rahmen der internationalen Krisen- und Konfliktbearbeitung zunehmend an

---

4 Die Bundeswehr (alte Bundesländer) wies 1990 einen Streitkräfteumfang von ca. 460.000 Soldaten auf.

5 Vgl. auch https://de.statista.com/statistik/daten/studie/495515/umfrage/personalbestand-der-bundeswehr/. Zugegriffen: 10. Februar 2022.

6 Vgl. https://de.statista.com/statistik/daten/studie/71965/umfrage/entwicklung-der-dauer-des-grundwehrdienstes/. Zugegriffen: 10. Februar 2022.

Gewicht. Einige europäische Länder wie beispielsweise Großbritannien und Frankreich weisen traditionell seit dem Ende des Zweiten Weltkrieges ein hohes internationales Engagement im Rahmen der Vereinten Nationen auf. Das resultiert unter anderem aus ihrer Tradition als ehemalige Kolonialmacht und den daraus entstandenen privilegierten Beziehungen zu diesen Gebieten. Darüber hinaus ergeben sich ihre globalen Verantwortlichkeiten aus der ständigen Mitgliedschaft im Sicherheitsrat der Vereinten Nationen und dem Besitz von Nuklearwaffen. Diese Länder sind nach wie vor international sehr aktiv. In anderen europäischen Ländern gingen mit dem Systemwandel 1989/90 und den neuen sicherheitspolitischen Risiken eine deutliche Schwerpunktverlagerung von der Priorität der Landes- und Bündnisverteidigung zur Teilnahme an friedenssichernden und -schaffenden Einsätzen einher. Das betraf insbesondere auch Deutschland. Nach anfänglich sehr heftigen Diskussionen um seine sicherheitspolitische Rolle wurde dieser Richtungswechsel 1994 vollzogen; seitdem entsendet Deutschland Soldatinnen und Soldaten der Bundeswehr in internationale Einsätze.

Mit der Fokussierung der europäischen Streitkräfte auf internationale friedenssichernde und -schaffende Einsätze stellten sich zum einen neue Anforderungen an eine moderne Ausrüstung; zum anderen erforderten sie eine höhere Professionalität der Soldatinnen und Soldaten. Verfügbarkeit und Mobilität wurden zu charakteristischen Merkmalen militärischer Effektivität. Das hatte entsprechende Auswirkungen auf die Rekrutierungssysteme. So konnten Wehrpflichtige aus militärischen, vor allem aber auch aus politischen Gründen nicht in Auslandseinsätze entsandt werden. Einerseits wären vielfach die Ausbildungszeiten der Wehrpflichtigen für diese Einsätze zu kurz. Andererseits gehen diese Einsätze über die eigentliche Landesverteidigung hinaus, wozu Grundwehrdienstleistende kaum verpflichtet werden konnten. Neben eventuell bestehenden rechtlichen Schwierigkeiten wurden insbesondere auch mögliche Opfer befürchtet, die öffentlich zu rechtfertigen gewesen wären. So entsandte Deutschland – aber auch andere europäische Länder – neben Zeit- und Berufssoldaten nur freiwillige und zumeist länger dienende (ehemalige!) Wehrpflichtige in internationale Einsätze.

Angesichts des neuen Aufgabenspektrums und der geforderten höheren Professionalität und Verfügbarkeit der Soldaten reduzierten sich die Wehrpflichtraten, das heißt die Anteile der Wehrpflichtigen an den aktiven

2 Die Aussetzung der Wehrpflicht 2011 und ihre Hintergründe

Streitkräfteumfängen. Diese Entwicklung zeigte sich durchgängig bei den damaligen europäischen Wehrpflichtarmeen.

Abbildung 1: Entwicklungstrends 1990–2022: Wehrstrukturtypen nach Karl W. Haltiner*

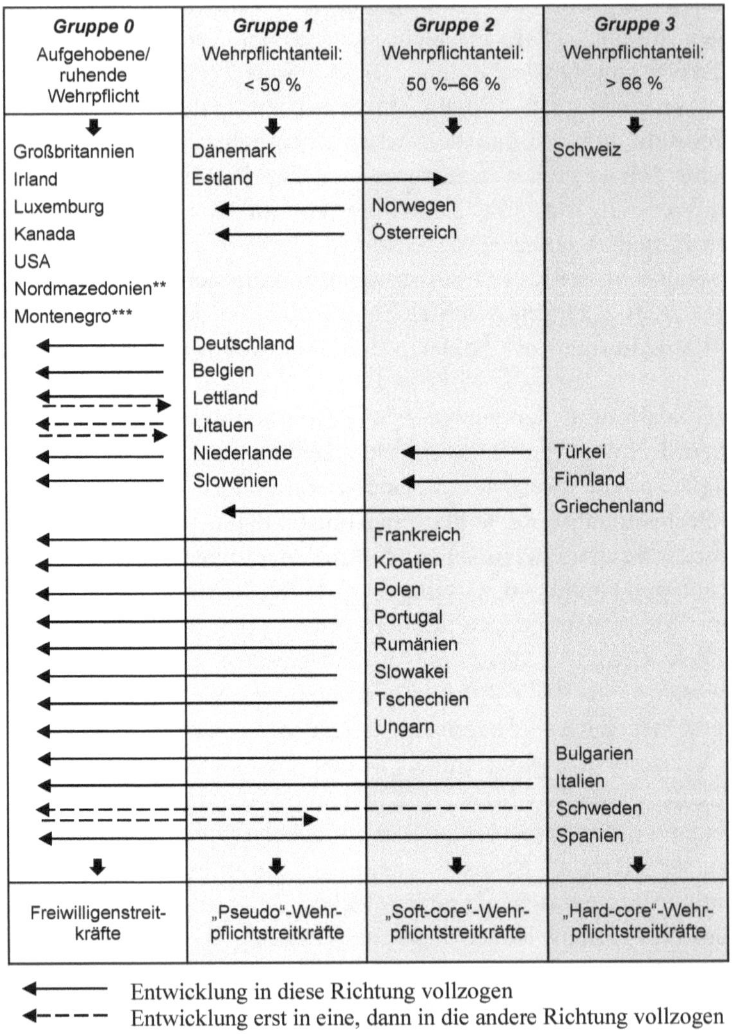

Gruppe 0 Aufgehobene/ ruhende Wehrpflicht	Gruppe 1 Wehrpflichtanteil: < 50 %	Gruppe 2 Wehrpflichtanteil: 50 %–66 %	Gruppe 3 Wehrpflichtanteil: > 66 %
Großbritannien Irland Luxemburg Kanada USA Nordmazedonien** Montenegro***	Dänemark Estland	Norwegen Österreich	Schweiz
	Deutschland Belgien Lettland Litauen Niederlande Slowenien		Türkei Finnland Griechenland
		Frankreich Kroatien Polen Portugal Rumänien Slowakei Tschechien Ungarn	
			Bulgarien Italien Schweden Spanien
Freiwilligenstreit- kräfte	„Pseudo"-Wehr- pflichtstreitkräfte	„Soft-core"-Wehr- pflichtstreitkräfte	„Hard-core"-Wehr- pflichtstreitkräfte

⟵——— Entwicklung in diese Richtung vollzogen
⟵– – – Entwicklung erst in eine, dann in die andere Richtung vollzogen

* Darstellung von Karl W. Haltiner (1999, S. 23), ergänzt und aktualisiert.
** Nordmazedonische Streitkräfte seit 1992, seit der Unabhängigkeit des Landes.
*** Montenegros Streitkräfte seit 2006, seit der Unabhängigkeit des Landes.

2.1 Der Wehrstrukturwandel in Europa seit den 1990er Jahren

In diesem Zusammenhang differenziert Karl W. Haltiner drei Typen von Wehrpflichtmodellen: (1) „Pseudo-Wehrpflichtstreitkräfte" mit einem Wehrpflichtanteil von unter 50 Prozent, (2) „Soft-core-Wehrpflichtstreitkräfte" mit einem Wehrpflichtanteil zwischen 50 und 66 Prozent und (3) „Hard-core-Wehrpflichtstreitkräfte" mit einem Wehrpflichtanteil von über 66 Prozent. Während die Gruppe der Pseudo-Wehrpflichtstreitkräfte sowie die Anzahl der Länder mit Freiwilligenarmeen seit 1990 stark zugenommen haben, ist in der dritten Gruppe, den Hard-core-Wehrpflichtstreitkräften, mittlerweile nur noch die Schweiz als klassische Milizarmee anzutreffen. In Deutschland reduzierte sich die Wehrpflichtrate von 43,5 Prozent im Jahr 1990 über 16,9 Prozent im Jahr 2005 auf 11,9 Prozent im Jahr 2010. Diese Zahlen beziehen sich auf die Grundwehrdienstleistenden und damit auf die im eigentlichen Sinne Wehrpflichtigen. Werden die freiwillig zusätzlichen Wehrdienst Leistenden (FWDL) mit einbezogen, erhöht sich die Wehrpflichtrate auf 26,2 Prozent im Jahr 2005 und 21,8 Prozent im Jahr 2010 (vgl. Werkner 2006, S. 103; Abbildung 1).

Damit führten beide Entwicklungslinien – der Wegfall der territorialen Bedrohung und die damit verbundene Streitkräftereduzierung und die neuen sicherheitspolitischen Risiken mit der Fokussierung auf internationale Einsätze im Rahmen der Krisen- und Konfliktbearbeitung und dem Absenken der Wehrpflichtraten – zu einer Infragestellung der Wehrpflicht. Dabei bedingt insbesondere die zweite Entwicklungslinie die Tendenz zur Professionalisierung der Streitkräfte. Diese Trends zeigen sich auch in Zahlen: Gab es unter den 16 NATO-Staaten 1990 nur fünf Freiwilligenstreitkräfte, sind es heute bei 30 NATO-Staaten 23 Länder mit Freiwilligenarmeen. Hinsichtlich der EU-Staaten sieht die Entwicklung ähnlich aus: 1990 besaßen von zwölf EU-Staaten 3 Länder Freiwilligenarmeen, heute sind von 27 EU-Staaten 18 Länder mit Freiwilligenstreitkräften.

Ein Blick auf die noch verbleibenden Staaten mit bestehender Wehrpflicht zeigt drei Gruppen auf (vgl. Rongé und Abrate 2019, S. 7f.; Abbildung 2): Zum einen tendieren *Länder mit Nachbarschaftsproblemen* zu Wehrpflichtarmeen. Das betrifft zum einen das Baltikum sowie Finnland und Schweden bezüglich ihrer Nachbarschaft zu Russland. So waren auch die russische Annexion der Krim und die Ukrainekrise expliziter Anlass für Litauen und Schweden, ihre bereits ausgesetzte Wehrpflicht wieder einzuführen. Mit dem russischen Angriffskrieg 2022 auf die Ukraine hat nun auch Lettland beschlossen, die Wehrpflicht wieder einzuführen. Zum anderen sind es Griechenland und Zypern; hier bestehen Grenzstreitigkeiten mit der Türkei. Zweitens sind es die *neutralen Länder*, die über

2 Die Aussetzung der Wehrpflicht 2011 und ihre Hintergründe

Wehrpflichtstreitkräfte verfügen. Diese Staaten – dazu gehören Schweden, Finnland, Österreich und die Schweiz – gehören per definitionem keinem klassischen Verteidigungsbündnis an. Und drittens sind es die *skandinavischen bzw. nordischen Länder*, die weiterhin an der Wehrpflicht festhalten. Das sind Dänemark, Schweden, Norwegen und Finnland. Diese Staaten weisen häufig eine starke Gemeinschaftsorientierung auf. So gilt in Schweden und Norwegen die Wehrpflicht auch für Frauen.

Abbildung 2: Wehrpflicht in Europa – nationale Trends (Rongé und Abrate 2019, S. 8)

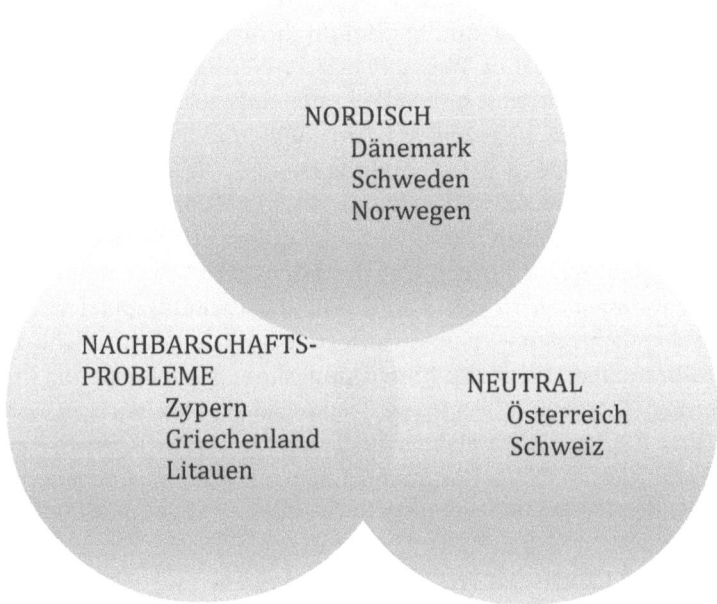

2.2 Die politische Entscheidung zur Aussetzung der Wehrpflicht in Deutschland

Seit Gründung der Bundeswehr war die Wehrpflicht ein elementarer Bestandteil und prägte über Jahrzehnte die politisch-militärische Kultur in Deutschland. Diese enge Verbindung von Bundeswehr und Wehrpflicht hatte insbesondere historische Wurzeln: Angesichts der Erfahrungen des Zweiten Weltkrieges löste die deutsche Wiederbewaffnung heftige Diskussionen über die Rolle der Streitkräfte und den Gebrauch militärischer Gewalt aus. Darüber hinaus machte man auch die Strukturen der Reichswehr und ihre Entwicklung zum Staat im Staate mit verantwortlich für die Entstehung des Nazi-Regimes. Es stellte sich demzufolge nicht nur die Frage, ob, sondern auch wie die Bundeswehr etabliert werden sollte. Vor diesem Hintergrund erhielt die Bundeswehr genau definierte verfassungsrechtliche Grundlagen mit einem System starker parlamentarischer Kontrolle. Es galt, sie fest in die Gesellschaft zu verankern. Zwei Voraussetzungen sollten die Integration der Bundeswehr in die Gesellschaft garantieren: die Innere Führung mit dem Leitbild des Staatsbürgers in Uniform und die allgemeine Wehrpflicht.

Die Innere Führung sollte zu einer Demokratisierung der Streitkräfte beitragen. Sie orientiert sich an den verfassungsrechtlich verankerten Normen einer demokratischen Gesellschaft. Das beinhaltet Aspekte wie die verfassungsrechtliche Einbindung der Streitkräfte, das Primat der Politik, Menschenführung sowie Rechte und Pflichten der Soldaten. Im Fokus steht die demokratische und zivile Kontrolle des Militärs. So können die einzelnen Elemente im Konzept der Inneren Führung als eine klare Distanzierung zu früheren zivil-militärischen Verhältnissen in Deutschland betrachtet werden. „Erstmals in der deutschen Geschichte kann man von einer Dominanz des Zivilen (Bürgerlichen) über das Militär sprechen" (Zoll 2002, S. 266; weiterhin Kuhlmann und Callaghan 2003, S. 78).

Mit der allgemeinen Wehrpflicht sollte neben der Deckung des personellen Bedarfs vor allem die Loyalität der gesamten Bevölkerung zu den Streitkräften sichergestellt werden. Es sollte garantiert werden, dass die Legitimation der Bundeswehr in der demokratischen Gesellschaft „auf dem Selbstbehauptungs- und Verteidigungswillen der Bevölkerung beruht" (Zoll 2002, S. 267). In diesem Zusammenhang wird auch häufig Theodor Heuss zitiert, der in der Wehrpflicht „das legitime Kind der Demokratie" sah. Historisch verweist man auf die Reformer der preußischen Militär-Reorganisationskommission – namentlich vor allem Scharnhorst, Boyen und Gneisenau –, die von einem soziétären, liberalen Staats- und Gesellschaftsverständnis heraus ein bürgerlich verfasstes Militär, die Integration der Bürger in diese Institution und eine bürgerliche Machtteilhabe forderten. In diesem Kontext steht auch das von Carnot stammende und in deutscher Fassung in Verbindung mit Scharnhorst gebrachte Zitat: „Jeder Bewohner des Landes ist der geborene Verteidiger desselben" (zit. nach Opitz 1994, S. 13). „Bürger in Uniform" bzw. „Bürger in Waffen" waren dabei die Synonyme der preußischen Reformzeit. Dieser Leitgedanke in der preußischen

Heeresreform bildete bis in die 2000er Jahre eine wesentliche Traditionslinie der Bundeswehr (vgl. BMVg 2002, S. 24).

Eine weitere Argumentationslinie für die Wehrpflicht, die seit Bestehen der Bundeswehr zum Tragen kam, griff auf die Erfahrungen der Weimarer Republik zurück. So könne eine Berufsarmee zu einem „Staat im Staate" und zu Putschversuchen missbraucht werden. Aus dieser Negativtradition heraus wurde die Wehrpflicht als das geeignete Mittel angesehen, ein Eigenleben der Armee zu verhindern und die Integration der Streitkräfte in die Gesellschaft zu gewährleisten (vgl. Duffield 1998, S. 168).

Mit dem europäischen Wandel zu einer verstärkten internationalen Konfliktverhütung und Krisenbewältigung stand die Wehrpflicht – da zu diesen Operationen nur Freiwillige herangezogen werden konnten – auch für den Defensivcharakter der Streitkräfte. Das entsprach zwar der deutschen Norm des Antimilitarismus und der Politik der Zurückhaltung, begrenzte aber zugleich die Kapazitäten im Rahmen der gemeinsamen europäischen und transatlantischen Außen- und Sicherheitspolitik.

Diese Konstellation ließ die Wehrpflichtdebatte wieder akut werden. Am konsequentesten traten dabei die CDU und CSU für die Beibehaltung der Wehrpflicht ein. So hieß es noch in ihren Grundsatzprogrammen wenige Jahre vor Aussetzung der Wehrpflicht:

> „Wir bekennen uns zur Wehrpflicht. Sie hat sich unter wechselnden sicherheitspolitischen Rahmenbedingungen bewährt und wird den sicherheitspolitischen Herausforderungen angepasst und entsprechend weiterentwickelt. Einsatzbereitschaft und Durchhaltefähigkeit der Bundeswehr werden nur durch eine ausreichende Zahl qualifizierter Reservisten gewährleistet. Die Grundlage hierfür ist die allgemeine Wehrpflicht. Wir wollen den Zivildienst als Ersatzdienst erhalten. Er hat große sozial- und jugendpolitische Bedeutung" (CDU 2007, S. 110f.; vgl. auch CDU und CSU 2009, S. 87).

> „Verteidigung von Frieden und Freiheit ist Bürgerpflicht. [...] Die Allgemeine Wehrpflicht bleibt von zentraler Bedeutung für unsere nationale Sicherheitsvorsorge" (CSU 2007, S. 170f.; vgl. auch CDU und CSU 2009, S. 87).

Diverser waren die Stimmen innerhalb der SPD. Hier ließ sich eine klare Mehrheit für oder gegen die Wehrpflicht nicht ausmachen. Das konnte man auch im Grundsatzprogramm erkennen, welches einen gewissen Interpretationsspielraum zulässt:

2.2 Die politische Entscheidung zur Aussetzung der Wehrpflicht in Deutschland

„Die gesellschaftliche Verankerung und die Akzeptanz der Bundeswehr müssen erhalten bleiben. Die Fortentwicklung der Wehrpflicht ist hierfür ein Garant. Deshalb setzen wir uns für eine Stärkung der Freiwilligkeit beim Wehrdienst ein" (SPD 2007, S. 26; vgl. auch SPD 2009, S. 92).

Eindeutiger waren hingegen die Positionen bei Bündnis 90/Die Grünen und der FDP. Beide Parteien lehnten die Wehrpflicht ab:

„Wir sind für einen Ausstieg aus Wehr- und Zivildienst. Der Grundrechtseingriff der Wehrpflicht ist angesichts der grundlegend veränderten Aufgaben der Bundeswehr nicht mehr legitimierbar. Ihr Umbau zu einer reduzierten Freiwilligenarmee muss so gestaltet werden, dass die Integration der Streitkräfte in der Gesellschaft gewahrt, Gefahren eines Interventionismus vorgebeugt und der Wegfall des Zivildienstes sozial abgefangen wird" (Bündnis 90/Die Grünen 2002, S. 162f.: vgl. auch Bündnis 90/Die Grünen 2009, S. 22).

„Die Wehrpflicht ist nicht mehr zu begründen. Sie ist in ihrer Ausgestaltung zutiefst ungerecht und für die Einsatzbereitschaft der Bundeswehr mittlerweile sogar kontraproduktiv. Sie muss schnellstens ausgesetzt werden. Deutschland benötigt Streitkräfte, die gut ausgebildet, modern ausgerüstet, voll einsatzbereit und schnell verlegbar sind. Das kann nur eine Freiwilligenarmee gewährleisten" (FDP 2009, S. 74).

In der Koalition mit der CDU und CSU konnte sich die FDP 2009 dann allerdings bis auf eine Verkürzung der Wehrdienstdauer nicht durchsetzen. So heißt es explizit im Koalitionsvertrag: „Die Koalitionsparteien halten im Grundsatz an der allgemeinen Wehrpflicht fest mit dem Ziel, die Wehrdienstzeit bis zum 1. Januar 2011 auf sechs Monate zu reduzieren" (CDU, CSU und FDP 2009, S. 124).

Vor diesem Hintergrund kam dann die Aussetzung der Wehrpflicht durch eine CDU-geführte Regierung zum 1. Juli 2011 sehr schnell und für viele – auch politische Akteure – relativ unerwartet. Sie ging wesentlich auf den Vorstoß des damaligen CSU-Verteidigungsministers Karl-Theodor zu Guttenberg zurück. Dabei stützte sich Guttenberg stark auf den Bericht der Strukturkommission der Bundeswehr vom Oktober 2010. In diesem sprach sich die Kommission für eine Aussetzung der Wehrpflicht aus:

„Die Allgemeine Wehrpflicht hat die Integration der Streitkräfte in die Gesellschaft befördert. Heute aber schwindet die gesellschaftliche Akzeptanz der Wehrpflicht. Generell ist eine solche nur dann sinnvoll, wenn dies die äußere Sicherheit des Staates zwingend gebietet. Durch den Wegfall einer massiven, unmittelbaren militärischen Bedrohung kann die Wehrpflicht in der heutigen Form sicherheitspolitisch nicht mehr gerechtfertigt werden" (Strukturkommission der Bundeswehr 2010, S. 28).

Jedoch sollten die positiven Effekte der Wehrpflicht bezüglich der Integration der Streitkräfte in die Gesellschaft möglichst erhalten bleiben. Die Kommission (2010, S. 28) empfahl:

- die Wehrpflicht nicht abzuschaffen, sondern nur auszusetzen. Das heißt: Die Musterung und Einberufung der Wehrpflichtigen zum Grundwehrdienst sollten ausgesetzt werden, die Wehrerfassung und Wehrüberwachung aber bestehen bleiben.
- die Einführung eines freiwilligen Dienstes bis zu 23 Monaten für alle Bürgerinnen und Bürger – von der Pflege und Betreuung über Bildung, Erziehung, Umweltschutz, Katastrophenschutz und Entwicklungshilfe bis hin zum militärischen Dienst in der Bundeswehr.
- die Einrichtung eines freiwilligen militärischen Dienstes in der Bundeswehr mit einem Dienstpostenumfang von bis zu 15.000 Stellen. Dabei sollte die Dauer so bemessen sein, dass Ausbildung und Qualifikation eine Teilnahme an Auslandseinsätzen ermöglichen (mindestens eine Dienstzeit von 15 Monaten).

Diese Empfehlungen wurden innerhalb kürzester Zeit in die Praxis umgesetzt. Nachdem die schwarz-gelbe Bundesregierung sich im Dezember 2010 auf die Bundeswehrreform und die Aussetzung der Wehrpflicht verständigte, erfolgte im Februar 2011 die erste Lesung im Bundestag zum Entwurf des Wehrrechtsänderungsgesetzes. Mit den Stimmen der Koalitionsfraktionen CDU/CSU und FDP und von Bündnis 90/Die Grünen wurde die Aussetzung der Wehrpflicht am 24. März 2011 im Bundestag beschlossen und am 24. April 2011 im Bundesrat verabschiedet. Die Wehrpflicht wurde zum 1. Juli 2011 ausgesetzt. An ihre Stelle trat ein freiwilliger Wehrdienst von 12 bis 23 Monaten für junge Frauen und Männer. Die verfassungsrecht-lichen und gesetzlichen Grundlagen der Wehrpflicht blieben erhalten. Und auch das Soldatengesetz beinhaltet nach wie vor die Möglichkeit eines „unbefristeten Wehrdienstes im Spannungs- und Verteidigungsfall" (§ 60). Zudem wurde mit dem Wegfall des Zivildienstes ein Bundesfreiwilligendienst im Umfang von sechs bis 24 Monaten mit einer Kapazität von 35.000 Vollzeitplätzen eingeführt. Zugleich beschloss die Bundesregierung eine weitere Reduktion der Streitkräfte von 255.000 Soldatinnen und Soldaten auf eine

2.2 Die politische Entscheidung zur Aussetzung der Wehrpflicht in Deutschland

Truppenstärke von 185.000 mit 170.000 Zeit- und Berufssoldatinnen und -soldaten sowie 15.000 Freiwilligen Wehrdienst Leistenden (FWDL).

3 Erfahrungen der Bundeswehr mit der Aussetzung der Wehrpflicht

3.1 Der Strukturwandel der Bundeswehr: Aussetzung der Wehrpflicht und Einführung des Freiwilligen Wehrdienstes

Mit der deutschen Wiedervereinigung bis zur Aussetzung der Wehrpflicht und zum Reformziel sank der Streitkräfteumfang der Bundeswehr kontinuierlich. Das umfasste das militärische wie zivile Personal (vgl. Abbildung 3).

Abbildung 3: Bundeswehr – Personalentwicklung seit 1989 und Reformziel

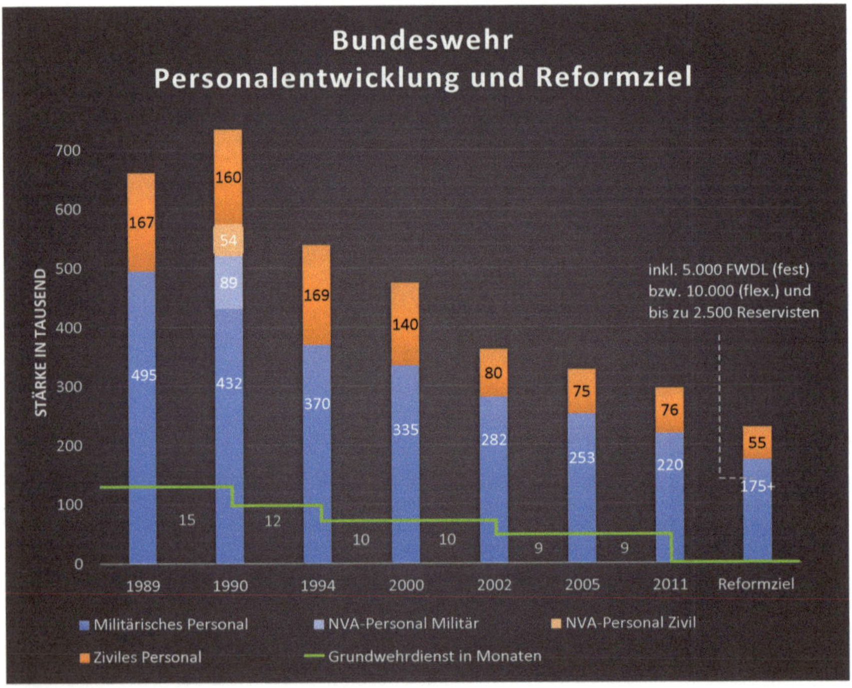

Quelle: https://crp-infotec.de/bundeswehr-entwicklung-umfang/.

Die Abbildung 4 zeigt dabei die drastisch sinkenden Wehrpflichtraten auf. Bereits in den letzten Jahren vor Aussetzung der Wehrpflicht lag der Anteil der Grundwehrdienstleistenden bei weniger als 15 Prozent.

Abbildung 4: Anzahl der Soldatinnen und Soldaten der Bundeswehr 2000-2022

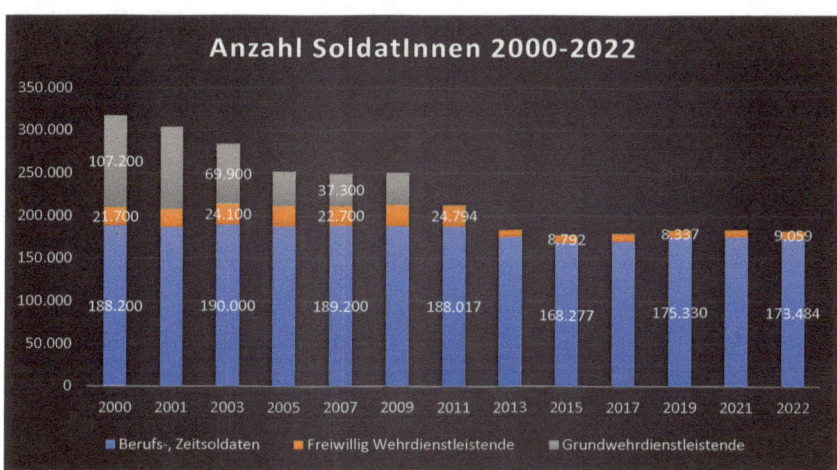

Quelle: https://de.statista.com/statistik/daten/studie/38401/umfrage/personalbestand-der-bundeswehr-seit-2000/.

Ein Blick auf die einzelnen Laufbahngruppen – Mannschaften, Unteroffiziere und Offiziere – in Abbildung 5 zeigt ein ähnliches Bild. Auch wenn sich mit der Aussetzung der Wehrpflicht der Anteil der Soldatinnen und Soldaten in den Mannschaften gemessen am Gesamtumfang der Bundeswehr verringert hat (von 37 Prozent im Jahr 2009 auf 27 Prozent im Jahr 2013), ist ein massiver Strukturwandel ausgeblieben.

3 Erfahrungen der Bundeswehr mit der Aussetzung der Wehrpflicht

Abbildung 5: Laufbahngruppen der Bundeswehr – Entwicklung 2005-2021

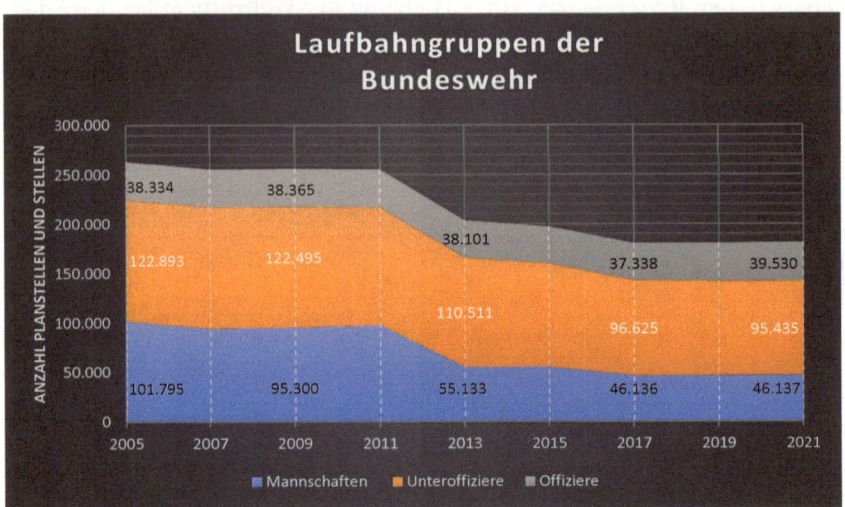

Quelle: Einzelplan 14 (eigene Darstellung).

Diese Ausgangssituation bei der Umstellung von der Wehrpflicht- zur Freiwilligenarmee unterschied sich wesentlich von vielen anderen europäischen Ländern. Vor diesem Hintergrund konstatierte beispielsweise auch der damalige französische Militärattaché Brigadegeneral Gilles Mantel bereits 2003:

> „Deutschland hat meines Erachtens seit Jahrzehnten keine Wehrpflichtarmee, sondern eine Freiwilligenarmee, weil nur diejenigen, die das wollen, Wehrdienst leisten, die anderen machen Ersatzdienst. Schon seit Jahrzehnten ist die Mehrheit nicht mehr im Wehrdienst eingesetzt. Bei uns war das anders" (Interview vom 16.12.2003 mit der Verf.).

Seit Aussetzung der Wehrpflicht ist der Streitkräfteumfang relativ stabil. Das Reformziel von 170.000 Zeit- und Berufssoldatinnen und -soldaten sowie 15.000 Freiwilligen Wehrdienst Leistende (5.000 fest + 10.000 flexibel) wurde zeitnah umgesetzt und bis zum heutigen Tage weitgehend gehalten. Der Anteil der Freiwilligen Wehrdienst Leistenden liegt aktuell bei 5 Prozent.

Der Freiwillige Wehrdienst ist „ein im internationalen Vergleich ungewöhnliches Dienstformat" (Haß 2016, S. 34). Zusammen mit der Einführung des Bundesfreiwilligendienstes (als Ersatz für den Zivildienst) erfolgte hier vor allem ein Wandel vom verpflichtenden zum freiwilligen gesellschaftlichen Engagement:

> „Mit einem freiwilligen Dienst wird jungen Menschen ein Angebot gemacht, das persönliche, berufliche, gesellschaftliche und sicherheitspolitische Interessen in Einklang bringt. Die Möglichkeiten können von der Pflege, Betreuung und Wohlfahrt über den Bereich Bildung und Erziehung, den Umwelt- und Katastrophenschutz über die Entwicklungshilfe bis eben hin zum Dienst in der Bundeswehr reichen" (Strukturkommission der Bundeswehr 2010, S. 12).

Dem Freiwilligen Wehrdienst kommen verschiedene Funktionen zu (vgl. Haß 2016, S. 36ff.). Zum einen leiten sich diese aus den Kontinuitäten zur Wehrpflicht ab. Dazu zählen vor allem:

- die *Beibehaltung der Staatsbürgerpflicht*, die sich unter anderem im Slogan „Wir. Dienen. Deutschland" ausdrückt,
- die *Sozialisationsinstanz*, mit der soldatische Werte wie Kameradschaft, Tapferkeit und Zuverlässigkeit betont werden,
- das *Rekrutierungsinstrument*, verbunden mit dem Ziel, Freiwilligen Wehrdienst Leistende im Anschluss an ihren Dienst als Zeit- oder Berufssoldatinnen und -soldaten zu gewinnen, sowie
- die *zivil-militärische Integration*, die die Rückbindung zur Gesellschaft fördern soll.

Zum anderen kommen mit dem Freiwilligen Wehrdienst auch neue Funktionen zum Tragen. Er dient:

- als *Beitrag zu einer „Kultur der Freiwilligkeit"*, die im Lichte des Wertewandels der Gesellschaft als eine moderne Form der Staatsbürgerpflicht interpretiert werden kann,
- zur *Erschließung neuer Zielgruppen*, vor allem mit der Öffnung des Freiwilligen Wehrdienstes für Frauen und einer Anhebung der Altersgrenze, sowie
- als *Beitrag zur Einsatzorientierung*, so schließt ein Freiwilliger Wehrdienst ab einer Dienstzeit von 12 Monaten auch die Bereitschaft zu einer Auslandsverwendung mit ein.

Auch die Motivationen, sich für einen Freiwilligen Wehrdienst zu entscheiden, sind vielfältig. Rabea Haß (2016, S. 102) identifiziert verschiedene intrinsische wie extrinsische Motive (vgl. Abbildung 6). Dabei stehen auf der einen Seite des Spektrums Freiwilligen Wehrdienst Leistende, die von dem Wunsch geprägt sind, einen Dienst an der Gesellschaft zu leisten, oder auch das Interesse an einer explizit soldatischen Sozialisation haben. Der andere Pol betont dagegen stärker den monetären Anreiz oder verweist auf fehlende alternative Perspektiven.

Abbildung 6: Motive für den Freiwilligen Wehrdienst

Intrinsische/Ideelle Motive	Extrinsische/Utilitaristische Motive
• Bundeswehr als Teil der Sozialisation • Interesse an soldatischen Tätigkeiten • Soldatische Werte/Tugenden erlernen bzw. erfahren • Deutschland dienen	• Bundeswehr als Arbeitgeber kennenlernen • Bundeswehr als Plan B • Monetärer Anreiz • Persönliche Weiterentwicklung und Lernen für das weitere Leben • Zeit überbrücken • Konkrete Vorbereitung auf späteren Beruf • FWD als „zweite Chance"

Quelle: Haß (2016, S. 102)

Das deckt sich weitgehend mit den Befragungen in den Karrierecentern der Bundeswehr. So steht für die soldatische Motivation:

„Kameradschaft, ‚ich will an meine Grenzen gehen', ‚ich will etwas Neues erleben', ‚ich will Abwechslung', ‚ich möchte Menschen helfen', ‚ich möchte aber auch Deutschland dienen', ‚ich möchte den Leuten etwas zurückgeben'" (Karrierecenter, Interview 4 vom 07.12.2021).

Hinzu kommen verstärkt aber auch utilitaristische Motive. Hier geht es insbesondere darum, die Bundeswehr als Arbeitgeber kennenzulernen, gerade angesichts des Wunsches nach sozialer Absicherung:

„Natürlich spielt immer die Suche nach einer sozialen Absicherung eine große Rolle, weil wir immer noch ein attraktiver Arbeitgeber sind mit mehrjährigen Arbeitsverträgen. Für jedes Jahr, das man bei der Bundeswehr ist, bekommt man noch die Möglichkeit, berufsfördernde Maßnahmen zu machen. Man kann Schulabschlüsse nachholen. Man kann sich weiterbilden und einen Beruf erlernen. Wir bieten berufliche Aus- und Weiterbildungen an, also wir sind da schon sehr gut aufgestellt" (Karrierecenter, Interview 10 vom 07.12.2021).

„Es ist weniger als früher, wo man den Freiwilligen Wehrdienst gemacht hat, um noch einmal die Monate zum Studium zu überbrücken oder noch einmal einen Ausbildungsplatz zu suchen. Das war zu Wehrpflichtzeiten häufig der Fall. Jetzt ist es eher, um die Bundeswehr anzuschauen.

[...] Bei Soldaten auf Zeit hat sich das für diejenigen, die sich von vornherein dafür beworben haben, noch mehr auf den Punkt des sicheren Arbeitgebers verschoben: sicheres Geld, sicherer Arbeitgeber, aber auch räumliche Nähe zur Heimat. Das ist viel mehr ausgeprägt, hat aber auch eher gesellschaftliche Hintergründe als die Abschaffung der Wehrpflicht" (Karrierecenter, Interview 9 vom 07.12.2021).

Nach Ergebnissen einer sozialwissenschaftlichen Begleitstudie zur Evaluation des Freiwilligen Wehrdienstes (vgl. Bulmahn et al. 2013, S. 49; Kramer 2014, S. 29f.) kann dieser als Rekrutierungsinstrument dienen. So bestehe ein hohes Interesse der Freiwilligen Wehrdienst Leistenden an einer längerfristigen Tätigkeit als Zeit- oder Berufssoldatin und -soldat bei der Bundeswehr. In der Zweitbefragung gaben knapp 30 Prozent der Befragten an, bereits Soldatin bzw. Soldat auf Zeit zu sein oder hierfür einen Antrag gestellt zu haben (vgl. Kramer 2014, S. 30). Hier besteht – auch wenn die Anzahl der Freiwilligen Wehrdienst Leistenden weitaus geringer ist als die der ehemaligen Wehrpflichtigen – ein Rekrutierungspotenzial, das genutzt werden kann.

Während die Wehrpflicht in Deutschland nur Männer umfasste, werden mit dem Freiwilligen Wehrdienst explizit auch Frauen angesprochen (vgl. Abbildung 7). Lag zu Beginn des Freiwilligen Wehrdienstes der Anteil von Frauen mit nur 8 Prozent im Jahr 2013 noch unter dem Bundeswehrdurchschnitt von damals 10 Prozent, liegt dieser 2021 mit 20 Prozent bereits sichtbar über dem Bundeswehrdurchschnitt von knapp 13 Prozent.[7] Damit vermag der Freiwillige Wehrdienst durchaus, eine neue Zielgruppe anzusprechen.

---

7 Vgl. https://de.statista.com/statistik/daten/studie/809135/umfrage/anteil-der-soldatinnen-in-der-bundeswehr/.

3 Erfahrungen der Bundeswehr mit der Aussetzung der Wehrpflicht

Abbildung 7: Anteil von Frauen im Freiwilligen Wehrdienst

Jahr	2013	2015	2017	2019	2021	2022
Bewerbungen	1.990	2.330	2.440	2.080	1.987	1.823
Einplanungen	702	1.333	1.701	1.441	1.509	1.710
Prozentualer Anteil	8%	14%	19%	18%	20%	19%

Quelle: Daten aus dem Bundesamt für das Personalmanagement der Bundeswehr vom 17.01.2023.

Einen Beitrag zur Einsatzorientierung – so eine ihm oben skizzierte zugeschriebene Funktion – leistet der Freiwillige Wehrdienst allerdings nicht (vgl. Abbildung 8). Lagen zu Zeiten der Wehrpflicht die Anteile der freiwillig zusätzlichen Wehrdienst Leistenden bei den Auslandsverwendungen noch zwischen fünf und sieben Prozent, stellen Freiwilligen Wehrdienst Leistende gegenwärtig nur noch ein Prozent am Auslandskontingent der Bundeswehr. Generell verbindet sich mit der Aussetzung der Wehrpflicht für die Bundeswehr kein stärkeres internationales Engagement. Die politisch mandatierten Einsätze im Rahmen der internationalen Krisen- und Konfliktbearbeitung erfolgen – und dafür sprechen auch die sinkenden Einsatzzahlen – völlig unabhängig vom Rekrutierungssystem.

Abbildung 8: Anteil von FzWDL und FWDL in Auslandseinsätzen

Jahr	Soldat/innen im Auslandseinsatz	FZWDL/FWDL im Auslandseinsatz	Prozentualer Anteil
2007	23.976	1.634	6,8%
2009	23.954	1.481	6,2%
2011	22.021	696	3,2%
2013	19.491	212	1,1%
2015	12.556	224	1,8%
2017	15.525	210	1,4%
2019	14.520	165	1,1%
2021	12.229	173	1,4%

Quelle: Daten aus dem Bundesamt für das Personalmanagement der Bundeswehr vom 17.02.2022.

3.2 Entwicklungen im Bewerberaufkommen

Mit der Aussetzung der Wehrpflicht prognostizierten einige Kritikerinnen und Kritiker ein massives Rekrutierungsproblem sowie eine Entwicklung der Bundeswehr zu einer „Unterschichtenarmee" bzw. „Armee der Perspektivlosen". Inwieweit diese Befürchtungen eingetreten sind oder sich diese These auch falsifizieren lässt, soll folgend anhand von zwei Kriterien empirisch überprüft werden: Zum einen soll das Verhältnis von Bewerbungen und Einplanungen in den Blick genommen werden, um die quantitativen Entwicklungen einer Analyse zu unterziehen. Zum anderen soll das Bildungsniveau der neuen Soldatinnen und Soldaten – und hier konkret die Bildungsabschlüsse bei Eintritt in die Bundeswehr – untersucht werden, um entsprechende Aussagen über qualitative Entwicklungen treffen zu können.

Ein erster Blick gilt der Laufbahngruppe der Offiziere. Ihre Rekrutierung erweist sich als durchgängig stabil. Quantitativ besteht ein kontinuierlich hohes Bewerberaufkommen (vgl. Abbildung 9). Das Verhältnis von Bewerbungen und Einplanungen liegt über die Jahre 2005-2021 etwa bei 5:1, d.h. auf eine/n angenommene/n Offiziersanwärter/in kommen etwa fünf Bewerbungen. Diese Zahl schwankt über die Jahre nur marginal. Hierbei sind keine Veränderungen in den Entwicklungstrends mit der Aussetzung der Wehrpflicht 2011 zu erkennen, vielmehr ergibt sich ein geringfügiges Auf und Ab infolge gesamtgesellschaftlicher und -wirtschaftlicher Entwicklungen.

Abbildung 9: Bewerbungen und Einplanungen 2005-2022 – Offiziere

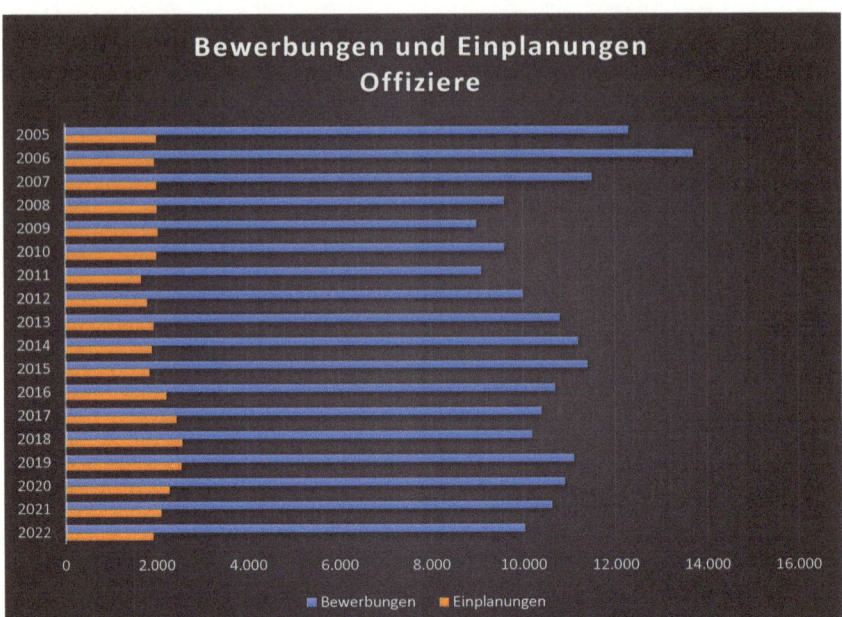

Quelle: Daten aus dem Bundesamt für das Personalmanagement der Bundeswehr vom 23.02.2022 und 17.01.2023.

Qualitativ ist für die Offizierslaufbahn die allgemeine oder fachgebundene Hochschulreife, die Fachhochschulreife bzw. ein als gleichwertig anerkannter Bildungsstand Voraussetzung. Entsprechend besitzen über die Jahre hinweg kontinuierlich 99 Prozent der Jahrgänge das Abitur (Hochschulreife), die Fachhochschulreife oder ein abgeschlossenes Hochschulstudium.[8]

Auch die Laufbahngruppen der Unteroffiziere und Mannschaften (SaZ) zeigen sich – quantitativ betrachtet – als relativ stabil, wenn auch generell auf einem niedrigeren Niveau (vgl. Abbildung 10). So liegt hier das Verhältnis von Bewerbungen und Einplanungen bei etwa 3:1, d.h. auf einen angenommene/n Unteroffiziers- bzw. Mannschaftsanwärter/in kommen drei Bewerber/innen. Und auch hier sind keine Korrelationen zwischen den Bewerberzahlen und der Aussetzung der Wehrpflicht 2011 erkennbar. Ge-

---

[8] Entsprechend Daten aus dem Bundesamt für das Personalmanagement der Bundeswehr vom 04.11.2021.

ringfügige Schwankungen bei insgesamt annähernd gleichem Niveau gibt es sowohl vor als auch nach 2011.

Abbildung 10: Bewerbungen und Einplanungen 2005-2022 – Feldwebel, Unteroffiziere und Mannschaften (SaZ)

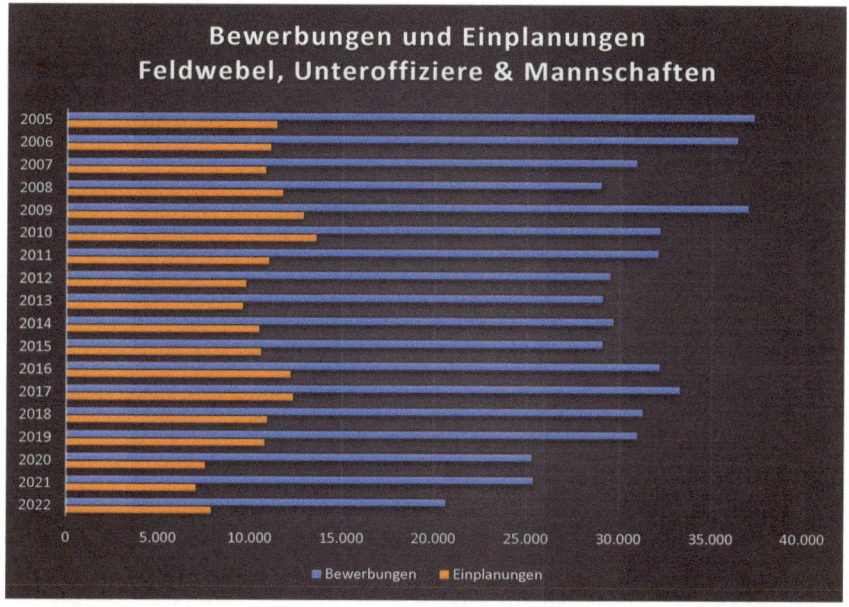

Quelle: Daten aus dem Bundesamt für das Personalmanagement der Bundeswehr vom 23.02.2022 und 17.01.2023.

Im Hinblick auf das Bildungsniveau soll hier noch einmal zwischen den Unteroffiziers- und Mannschaftslaufbahnen unterschieden werden. Bei Unteroffiziersanwärterinnen und Unteroffiziersanwärtern gelten je Verwendung verschiedene Voraussetzungen:

- Anwärterinnen und Anwärter der Laufbahnen der Fachunteroffiziere müssen eine Hauptschule mit Erfolg besucht oder einen als gleichwertig anerkannten Bildungsstand erworben haben.
- Mit dem Dienstgrad Unteroffizier kann eingestellt werden, wer eine Hauptschule mit Erfolg besucht oder einen als gleichwertig anerkannten Bildungsstand erworben hat und über einen für die vorgesehene Verwendung verwertbaren Berufsabschluss verfügt.

3 Erfahrungen der Bundeswehr mit der Aussetzung der Wehrpflicht

- Mit dem Dienstgrad Stabsunteroffizier kann eingestellt werden, wer
  - das Zeugnis über den erfolgreichen Besuch einer Realschule oder einen als gleichwertig anerkannten Bildungsstand erworben hat und über einen für die vorgesehene Verwendung verwertbaren Berufsabschluss verfügt oder
  - eine Hauptschule mit Erfolg besucht oder einen als gleichwertig anerkannten Bildungsstand erworben hat, über einen für die vorgesehene Verwendung verwertbaren Berufsabschluss verfügt und eine anschließende mindestens zweijährige förderliche berufliche Tätigkeit nachweist.

Gemessen an diesen Einstellungsvoraussetzungen erweist sich das reale Bildungsniveau der Unteroffiziersanwärterinnen und Unteroffiziersanwärter als erstaunlich hoch (vgl. Abbildung 11).

Abbildung 11: Höchster Schulabschluss der Unteroffiziersanwärter/innen (SaZ) 2010-2022

Schulabschluss	2010	2012	2015	2018	2021	2022
(Fach-)Hochschulreife, Hochschulabschluss	1.627 (21%)	929 (24%)	1.365 (27%)	1.631 (29%)	1.078 (34%)	1.100 (36%)
Mittlerer Schulabschluss	5.076 (64%)	2.472 (64%)	3.001 (59%)	3.206 (56%)	1.738 (55%)	1.606 (52%)
Hauptschulabschluss	1.139 (15%)	458 (12%)	683 (14%)	836 (15%)	329 (11%)	365 (12%)
Sonstiger Abschluss	-	-	-	1	-	-
Insgesamt	7.842	3.859	5.049	5.674	3.145	3.071

Quelle: Daten aus dem Bundesamt für das Personalmanagement der Bundeswehr vom 04.11.2021 und 31.01.2023.

Entsprechend den empirischen Daten von 2010 bis 2022 besitzen lediglich 11 bis 15 Prozent einen Hauptschulabschluss. Und auch hier zeigen sich die leichten Schwankungen unabhängig von der Aussetzung der Wehrpflicht 2011. Der überwiegende Teil (52 bis 64 Prozent) besitzt einen mittleren Schulabschluss. Beachtlich ist der Anteil derjenigen, die über das Abitur, die Fachhochschulreife oder ein abgeschlossenes Hochschulstudium verfügen: Waren es 2010 21 Prozent, ist dieser Anteil kontinuierlich auf 36 Prozent im Jahr 2022 gestiegen.

Für die Laufbahnen der Mannschaften sind die Anforderungen an das Bildungsniveau noch einmal niedriger. In das Dienstverhältnis einer Soldatin auf Zeit oder eines Soldaten auf Zeit kann eingestellt werden, wer die Vollzeitschulpflicht erfüllt hat. Und auch hier lässt sich konstatieren, dass – gemessen an diesen Zugangsvoraussetzungen – die Schulabschlüsse der Rekrutinnen und Rekruten weitaus höher sind, wenn auch deutlich niedriger als bei den Unteroffiziersanwärterinnen und Unteroffiziersanwärtern (vgl. Abbildung 12). Nach den empirischen Daten von 2010 bis 2022 besitzt – relativ konstant über die Jahre – etwa die Hälfte der Rekrutinnen und Rekruten einen mittleren Schulabschluss. Der Anteil der Rekrutinnen und Rekruten mit Hauptschulabschluss lag 2010 bei 40 Prozent; seit Aussetzen der Wehrpflicht verringert sich dieser Anteil zwar geringfügig, aber stetig: von 40 Prozent (2015) über 38 Prozent (2018), 35 Prozent (2019), 34 Prozent (2020) auf 24 Prozent (2021). 2022 gab es erstmals wieder einen leichten Anstieg auf 27 Prozent. Parallel dazu steigt der Anteil derjenigen Rekrutinnen und Rekruten, die die Hochschulreife, Fachhochschulreife oder ein Hochschulstudium besitzen, an. 2010 lag dieser bei 11 Prozent. Seit Aussetzen der Wehrpflicht ist ein leichter, aber kontinuierlicher Anstieg erkennbar: von 9 Prozent (2015) über 15 Prozent (2018), 17 Prozent (2019), 19 Prozent (2020) auf 27 Prozent (2021). 2022 fällt dieser erstmalig wieder geringfügig auf 25 Prozent.

Abbildung 12: Höchster Schulabschluss der Mannschaftsanwärter/innen (SaZ) 2010-2022

Schulabschluss	2010	2012	2015	2018	2021	2022
(Fach-)Hochschulreife, Hochschulabschluss	620 (11%)	622 (11%)	461 (9%)	752 (15%)	1.011 (27%)	1.170 (25%)
Mittlerer Schulabschluss	2.769 (49%)	2.965 (52%)	2.529 (50%)	2.354 (47%)	1.831 (49%)	2.229 (48%)
Hauptschulabschluss	2.249 (40%)	2.136 (37%)	1.996 (40%)	1.903 (38)	879 (24%)	1.257 (27%)
Sonstiger Abschluss	9	11	27 (1%)	7	10	12
Insgesamt	5.647	5.734	5.013	5.016	3.731	4.668

Quelle: Daten aus dem Bundesamt für das Personalmanagement der Bundeswehr vom 04.11.2021 und 31.01.2023.

Wie sieht das quantitative und qualitative Bewerberaufkommen bei den Wehrdienstleistenden aus? Hier ist vor und nach der Aussetzung der Wehrpflicht zu differenzieren. Bis 2011 gab es die Grundwehrdienstleistenden (GWDL) sowie die freiwillig zusätzlichen Wehrdienst Leistenden

3 Erfahrungen der Bundeswehr mit der Aussetzung der Wehrpflicht

(FzWDL), seit der Aussetzung der Wehrpflicht die Freiwilligen Wehrdienst Leistenden. Die letztgenannte Gruppe kann nach dem Reformziel bis zu 15.000 Soldatinnen und Soldaten umfassen (5.000 fest + 10.000 flexibel). Hier erweist sich die quantitative Rekrutierungsbasis als überaus gering (vgl. Abbildung 13). Seit Aussetzung der Wehrpflicht verringert sich das Bewerberaufkommen kontinuierlich: Gab es 2013 noch 18.500 Bewerbungen, lag die Zahl im Jahr 2022 erstmalig unter 10.000 Bewerbungen. Damit können zwar die 5.000 festen FWDL-Stellen weitgehend besetzt werden, von den potenziell verfügbaren 15.000 Stellen ist man derzeit aber weit entfernt. Dabei ist es gerade diese Gruppe, die die Vorteile der früheren Wehrpflichtarmee – das Wachhalten der Staatsbürgerpflicht, die Rekrutierungsbasis für Längerdienende zu sein sowie die Förderung der zivil-militärischen Integration (die Rückbindung zur Gesellschaft) – zumindest in gewissem Umfang fortführen könnte. Problematisch wird es zudem, wenn ein Sprecher des Einsatzführungskommandos der Bundeswehr (Interview vom 20.12.2021) konstatiert: „Die FWDL waren und sind unabdingbar zur Aufrechterhaltung der Funktionsfähigkeit der Einsatzkontingente und somit zur Sicherstellung des Auftrags."

Abbildung 13: Bewerbungen und Einplanungen 2013-2022 – FWDL

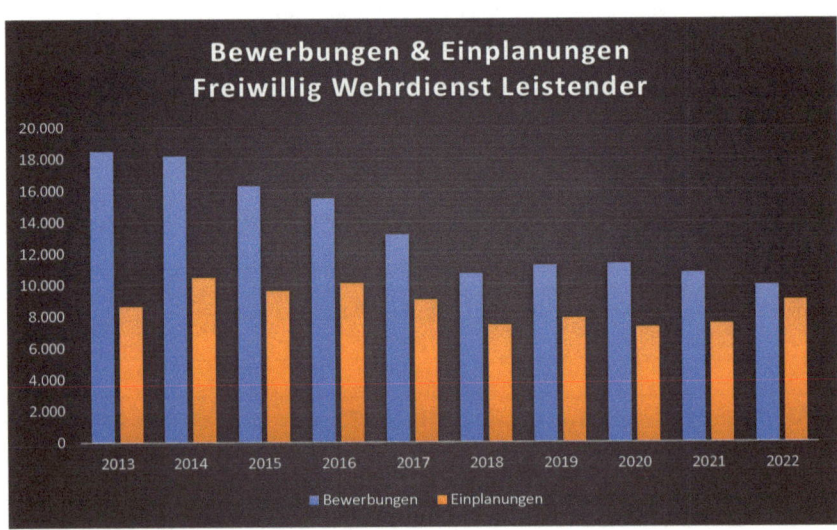

Quelle: Daten aus dem Bundesamt für das Personalmanagement der Bundeswehr vom 23.02.2022 und 17.01.2023.

Qualitativ ergibt sich vor und nach Aussetzung der Wehrpflicht ein differenziertes Bild (vgl. Abbildung 14). Wird als Vergleichsgröße die aktuelle gesamtdeutsche Verteilung von Jugendlichen (20-25 Jahre) nach höchstem Schulabschluss herangezogen[9], so waren 2010 bei den Grundwehrdienstleistenden Abiturienten mit 36 Prozent deutlich unterrepräsentiert, Jugendliche mit mittlerem Abschluss (38 Prozent) und Hauptschulabschluss (26 Prozent) dagegen überproportional stark vertreten. Bei den freiwillig zusätzlichen Wehrdienstleistenden verstärkte sich diese Tendenz noch einmal.

Abbildung 14: Höchster Schulabschluss der Wehrdienstleistenden 2010-2022

Schulabschluss	GWDL	FzWDL	FWDL				
	2020		2012	2015	2018	2021	2022
(Fach-)Hochschulreife, Hochschulabschluss	16.874 (36%)	2.269 (26%)	4.252 (43%)	4.344 (47%)	3.843 (53%)	4.047 (55%)	4.739 (55%)
Mittlerer Abschluss	17.976 (38%)	3.537 (40%)	3.189 (32%)	3.154 (34%)	2.412 (33%)	2.477 (34%)	2.896 (34%)
Hauptschulabschluss	12.093 (26%)	2.947 (34%)	2.385 (24%)	1.775 (19%)	981 (14%)	795 (11%)	970 (11%)
Sonstiger Abschluss	229	38	53 (1%)	27	23	10	16
Insgesamt	47.172	8.791	9.879	9.300	7.259	7.329	8.621

Quelle: Daten aus dem Bundesamt für das Personalmanagement der Bundeswehr vom 04.11.2021 und 31.01.2023.

Mit dem Freiwilligen Wehrdienst seit 2011 nähern sich dagegen die Schulabschlüsse denen der Gesellschaft zunehmend an. Die Freiwilligen Wehrdienst Leistenden weisen also – auch wenn sich zu wenige für diesen Dienst bewerben – ein durchaus hohes Bildungsniveau auf. In diesem Sinne konstatiert auch ein Großteil der befragten Vertreterinnen und Vertreter in den Karrierecentern, dass qualitativ nach wie vor gute Rekrutinnen und Rekruten gewonnen werden können:

„In der jetzigen Phase – rückblickend mit dem Job, den ich jetzt hier mache – glaube ich schon, dass wir derzeit auf einem guten Weg sind.

---

[9] Danach besitzen unter den Jugendlichen (20-25 Jahre) 59,5 Prozent eine Hochschulreife bzw. Fachhochschulreife, 24 Prozent einen mittleren Abschluss und 15,5 Prozent einen Hauptschulabschluss (Stand: 2021) (vgl. https://de.statista.com/statistik/daten/studie/900410/umfrage/umfrage-in-deutschland-zum-schulabschluss-der-jugendlichen/).

> Ich bin damals ein Verfechter der Wehrpflicht gewesen und würde jetzt auch sagen, ich bin das eigentlich immer noch. Aber mit den jetzigen Methoden und Mitteln und mit der jetzigen Personalgewinnungsorganisation, mit all dem, was passiert, denke ich, sind wir auch auf einem guten Weg. Wenn man jetzt die Leute, die ich damals als Wehrpflichtige gesehen habe, nimmt und wenn ich den Bogen schlagen darf zu den Leuten, die ich jetzt hier im Assessment habe, die ja freiwillig da sind, dann mache ich mir keine Sorgen über die Qualität der Leute. Es gab damals gute und sehr gute und auch die Zweitbesten und das ist heute auch noch so" (Karrierecenter, Interview 4 vom 07.12.2021).

Insgesamt ergeben die empirischen Daten ein positives Bild. Und auch die befragten Vertreterinnen und Vertreter der Karrierecenter bilanzieren ein quantitativ wie qualitativ gutes Bewerberaufkommen. Ebenso zeigt eine aktuelle Bevölkerungsbefragung (vgl. Graf et al. 2022, S. 187) auf, dass die Bundeswehr als attraktiver Arbeitgeber gesehen wird. So können sich 15 Prozent der befragten 16- bis 29-Jährigen vorstellen, als Soldatin bzw. Soldat bei der Bundeswehr zu arbeiten – und zwar völlig unabhängig vom Bildungsniveau. Der letztgenannte Aspekt spricht für die nach wie vor bestehende Heterogenität. Darauf verweisen auch Befragte aus den Karrierecentern der Bundeswehr: „Die Bewerberschaft, die sich für die Bundeswehr interessiert, ist ein Spiegel der Gesellschaft. Das war es zu Wehrpflichtzeiten […] und das haben sie heute auch" (Karrierecenter, Interview 2 vom 07.12.2021). Dazu beigetragen haben auch die neuen Optionen und Möglichkeiten des Zugangs zur Bundeswehr:

> „Wir haben eine ganze Reihe von Freiwilligen Wehrdienst Leistenden, unter anderem nur für den Heimatschutz, die mit einer ganz anderen Intention zu uns kommen. Heute ist es möglich, bis ins hohe Alter von über 40 tatsächlich zu sagen: ‚Okay, ich gehe jetzt zur Bundeswehr, weil gerade in dieser Verwendung Bedarf da ist.' […] Und hier bedienen wir uns Menschen, die eine gewisse Vorerfahrung mitbringen. […] Insofern ist die Bundeswehr aus meiner Sicht bunt wie nie" (Bodemann, Interview vom 13.09.2021).

Was einzelne befragte Vertreterinnen und Vertreter der Karrierecenter allerdings kritisch anmerken, ist die generell niedrigere Qualität der jeweiligen Schulabschlüsse – kein Bundeswehr-, sondern vielmehr ein gesamtgesellschaftliches Problem (vgl. Karrierecenter, Interview 11 vom 07.12.2021). Auch sei eine „andere gesellschaftliche Prägung" der Bewerberinnen und

Bewerber erkennbar, die unter anderem mit deutlich höheren Forderungen an den Arbeitgeber einhergehe (vgl. Karrierecenter, Interview 9 vom 07.12.2021). Damit komme mit dem Wandel vom Pflicht- zum Freiwilligendienst auch stärker die Mentalität und das Verhalten der Generationen Y und Z in den Streitkräften zum Tragen. Letztere (Jahrgänge 1995-2009) prägen gegenwärtig die Rekrutierung der Bundeswehr. Wichtig ist dieser Generation ein gutes Arbeitsklima, eine interessante Tätigkeit, ein geregelter Alltag mit viel Raum für die Freizeit und eine sichere Berufsstellung. Gerade das Sicherheitsdenken ist prägend für diese Generation und hier lässt sich bei der Rekrutierung auch ansetzen.[10]

3.3 Entwicklungen in der Reserve

Die Reserve beinhaltet die Aufwuchsfähigkeit der Bundeswehr, d.h. die „Fähigkeit der Streitkräfte, die Präsenz, Einsatzbereitschaft, Verfügbarkeit und Durchhaltefähigkeit von mobilmachungsabhängigen Truppenteilen/Dienststellen den politischen Erfordernissen flexibel und zeitgerecht anzupassen" (BMVg 1997, S. 27). Mit dem Ende des Kalten Krieges nahm neben den aktiven Streitkräfteumfängen auch die personelle Aufwuchsfähigkeit der Bundeswehr sukzessive ab. Lag der Verteidigungsumfang, d.h. die „Summe aus Grund-, Ergänzungs- und Mobilmachungsumfang" (BMVg 2003, Anlage 3, S. 6), im Jahr 1989 noch bei 1,3 Millionen Soldaten, reduzierte sich dieser in den Folgejahren deutlich. Inzwischen ist ein umfassender Aufwuchs nur noch langfristig möglich, da die Allgemeine Reserve nicht mehr ausgeplant ist und damit weder konkrete Mobilmachungspläne existieren noch entsprechendes Material zur Verfügung steht. Zudem wurden die Beorderungsmöglichkeiten deutlich verringert – und auch von denen konnte in den letzten Jahren – so der Sachstand der Wissenschaftlichen Dienste des Deutschen Bundestages 2018 – nur etwa die Hälfte besetzt werden (vgl. Abbildung 15).

---

10 Vgl. hier u.a. https://www.generation-thinking.de/post/generation-z-und-bundeswehr. Zugegriffen: 15. Oktober 2022.

3 Erfahrungen der Bundeswehr mit der Aussetzung der Wehrpflicht

Abbildung 15: Friedensumfänge und Aufwuchsfähigkeit der Bundeswehr

	Frieden-sumfang	Beorderungsumfang (davon besetzbar)	Aufwuchsfähigkeit im Verteidigungsfall
1989	495.000		1.300.000
Umfang bis 2000 nach dem Personalstrukturmodell 1995	338.000		680.000
Umfang bis 2007 nach dem Eckpfeiler-Papier BMVg 2000	282.000		500.000
Umfang bis 2010 nach dem PSM 2004	252.500	95.000 (2010: 45.000)	keine personelle Ausplanung der Allgemeinen Reserve
Umfang bis 2017 nach dem PSM 2012	185.000	61.000 (2017: 28.000)	

Quelle: Deutscher Bundestag, Wissenschaftliche Dienste (2018a, S. 8).

Mit dem Ende des Kalten Krieges basierte die Reserve noch zu wesentlichen Teilen auf der Wehrpflicht:

„Die dauerhaft verbesserte Sicherheitsplage mit einer nutzbaren Warnzeit von mindestens einem Jahr für den Fall einer größeren Aggression erlaubt es, die Bundeswehr konsequent auf den Charakter einer Mobilmachungsarmee auszurichten. Die personelle und materielle Aufwuchsfähigkeit der Hauptverteidigungskräfte muß jedoch erhalten bleiben, um die Verteidigung im Bündnisrahmen sicherzustellen. Dies setzt die Verfügbarkeit von Reservisten voraus, die vor allem im Rahmen ihres Grundwehrdienstes auszubilden sind" (BMVg 1992, Ziff. 46).

Mit der zunehmenden Verlagerung des Aufgabenschwerpunktes der Bundeswehr auf die internationale Friedenssicherung wurden sowohl der Wehrpflichtanteil als auch die Reserve der Bundeswehr reduziert. Entsprechend der Neuausrichtung der Bundeswehr im Jahr 2000 korrelieren beide Größen. So könne „der Umfang an GWDL erheblich gekürzt werden, da ein so starker Aufwuchs der Streitkräfte wie zu Zeiten der Ost-West-Konfrontation nicht mehr erforderlich ist" (BMVg 2000, S. 23).

Mit der Aussetzung der Wehrpflicht kam es zu einer Neuorientierung der Reserve. Die Konzeption der Reserve (2012) unterscheidet seitdem drei Kategorien:

- *Truppenreserve*: Sie soll die aktive Truppe insbesondere bei kurzfristigem Personalbedarf verstärken (Fähigkeitsbezug, kurzfristige Ergänzung);

- *Territoriale Reserve*: Sie soll die aktive Truppe beim Heimatschutz entlasten und als Bindeglied die zivil-militärische Zusammenarbeit verstärken (regionaler Bezug, kurz- und mittelfristiger Aufwuchs) und
- *Allgemeine Reserve*: Sie ist Teil des Personalpotenzials „für eine eventuell erforderliche Rekonstitution mittels Mobilmachung" (Deutscher Bundestag 2018a, S. 6) (strategischer Bezug, langfristiger Aufwuchs) (vgl. BMVg 2012, S. 28).

Nach der Konzeption der Reserve von 2012 kommen Reservistinnen und Reservisten insbesondere auch die gesellschaftlichen Funktionen der früheren Wehrdienstleistenden zu:

„Reservisten als ‚Staatsbürger mit Uniform' identifizieren sich mit dem Leitbild des Soldaten als ‚Staatsbürger in Uniform'. Sie handeln im Sinne der Grundsätze der Inneren Führung und stehen zur Tradition der Bundeswehr als ‚Streitkräfte in der Demokratie'. [...] Vor dem Hintergrund des Aussetzens der verpflichtenden Einberufung zum Grundwehrdienst gewinnen Reservisten als überzeugende, authentische Mittler an Bedeutung" (BMVg 2012, S. 5).

Neu ist zudem der Fokus auf den Heimatschutz: „Neben der Rolle der Reserve für die Personalergänzung und -verstärkung sowie der Mittlerfunktion für die Bundeswehr in der Gesellschaft wird der Heimatschutz als wesentliche Aufgabe der Reserve gestärkt" (BMVg 2012, S. 3). Auch hier geht es darum, den „Dienst an der Allgemeinheit" zu stärken (BMVg 2012, S. 3).

3.4 Die gesellschaftliche Akzeptanz in Deutschland zu Wehrpflicht, Freiwilligenstreitkräften und Bundeswehr

Die Aussetzung der Wehrpflicht war eine politische Entscheidung, der zwar eine lange Debatte vorausging, die aber dann für viele überraschend kam und auch in extrem kurzer Zeit umgesetzt wurde. Wie stand die Bevölkerung zu dieser Entscheidung? Und wie hat sich das Meinungsbild der Bürgerinnen und Bürger zur Bundeswehr seit 2011 verändert?

Die Mehrheit der Bevölkerung stützte die politische Entscheidung zur Aussetzung der Wehpflicht (vgl. Abbildung 16). So sprachen sich 2010 37 Prozent der Befragten für einen Erhalt der Wehrpflicht aus, 61 Prozent votierten für ihre Aussetzung bzw. Abschaffung. Während die erste Gruppe die Wehrpflicht insbesondere mit Aspekten der militärischen So-

3 Erfahrungen der Bundeswehr mit der Aussetzung der Wehrpflicht

zialisation verknüpfte (Erziehung, Lernen von Disziplin und Ordnung, Kameradschaft) und sie als Garant für die Sicherheit des Landes sowie zur Aufrechterhaltung des Zivildienstes für notwendig erachtete, argumentierte die zweite Gruppe für ihre Aussetzung bzw. Abschaffung vor allem mit dem Freiwilligkeitsargument, der fehlenden Bedrohung und der höheren Effektivität von Freiwilligenstreitkräften in internationalen Einsätzen.

Abbildung 16: Einstellungen der Bevölkerung im Jahr 2010 zur Zukunft der Wehrpflicht

Einstellungen zur Zukunft der Wehrpflicht

Frage: "Was meinen Sie, sollte die Wehrpflicht erhalten bleiben, sollte sie ausgesetzt werden oder sollte sie gänzlich abgeschafft werden?"

	Angabe in Prozent
Erhalten bleiben	37
Ausgesetzt werden	20
Abgeschafft werden	41
Weiß nicht/ k. A.	2

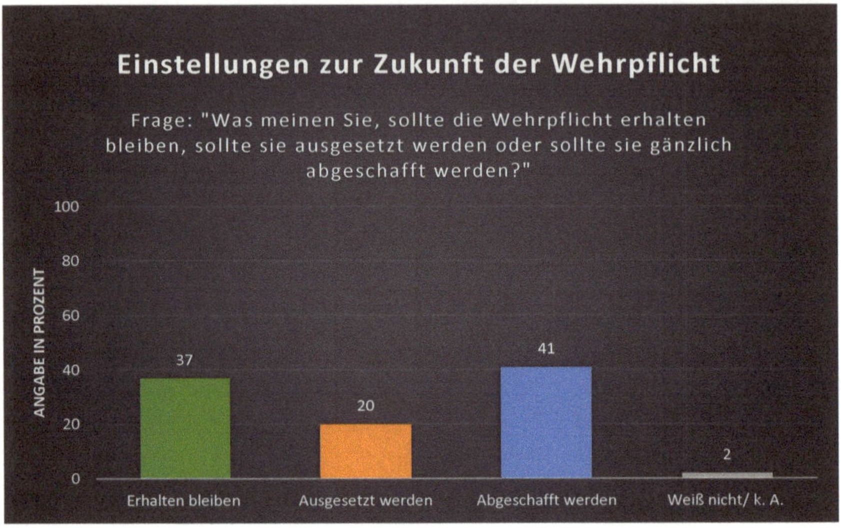

Quelle: Bevölkerungsbefragung des SOWI von 2010 (Bulmahn et al. 2011, S. 21).

Zugleich unterstützte die große Mehrheit der Bevölkerung – mit 82 Prozent – das Modell eines neuen Freiwilligen Wehrdienstes. Dabei erklärte 2010 ein Viertel der unter 30-Jährigen seine grundsätzliche Bereitschaft, einen solchen abzuleisten (vgl. Bulmahn et al. 2011, S. 26; Abbildung 17).

3.4 Die gesellschaftliche Akzeptanz in Deutschland

Abbildung 17: Zustimmung zu einem Freiwilligen Wehrdienst im Jahr 2010

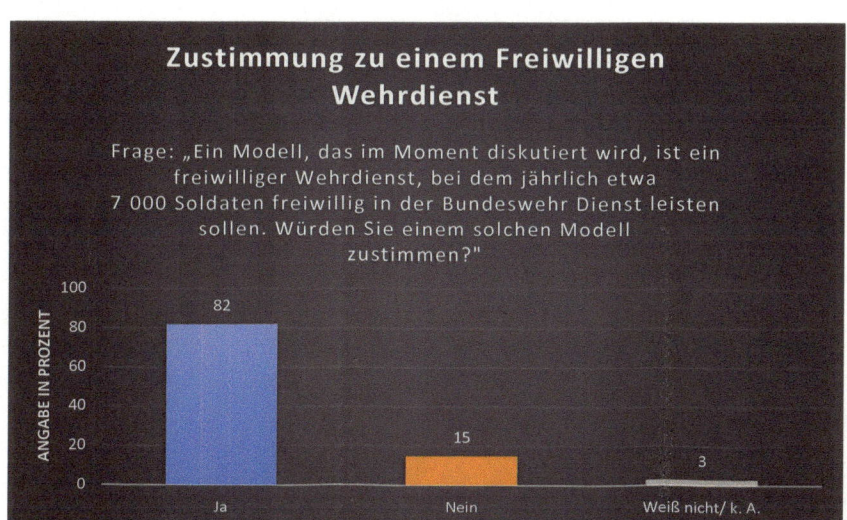

Quelle: Bevölkerungsbefragung des SOWI von 2010 (Bulmahn et al. 2011, S. 25).

Bevölkerungsumfragen der letzten beiden Jahrzehnte verweisen – und zwar völlig unabhängig von der Aussetzung der Wehrpflicht 2011 – auf eine durchgängig hohe gesellschaftliche Akzeptanz der Bundeswehr (vgl. Abbildung 18). Seit dem Jahr 2000 waren stets mindestens drei Viertel der Befragten gegenüber der Bundeswehr positiv (sowie zwischen 13 und 23 Prozent negativ) eingestellt.

3 Erfahrungen der Bundeswehr mit der Aussetzung der Wehrpflicht

Abbildung 18: Persönliche Einstellung zur Bundeswehr im Zeitvergleich

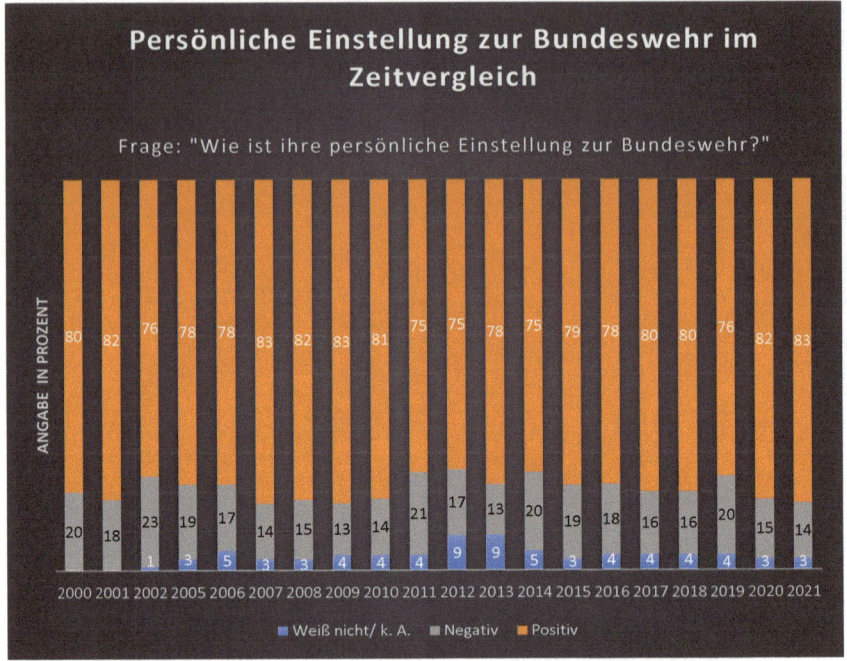

Quelle: Bevölkerungsbefragungen des ZMSBw von 2000-2002, 2005-2021 (Graf et al. 2022, S. 129).

Diese positive Haltung der Bevölkerung zu den Streitkräften zeigt sich auch in dem entgegengebrachten Vertrauen in die Bundeswehr (vgl. Abbildung 19). Im Zeitvergleich geben hier zwischen 79 und 88 Prozent der Befragten an, der Organisation Bundeswehr zu vertrauen. Damit nimmt die Bundeswehr im Vertrauensranking der öffentlichen Einrichtungen einen Spitzenplatz ein. Lediglich der Polizei (87 Prozent), den öffentlichen Schulen (86 Prozent) und den gesetzlichen Krankenversicherungen (86 Prozent) wird 2021 ein marginal höheres Vertrauen entgegengebracht (vgl. Graf et al. 2022, S. 145).

3.4 Die gesellschaftliche Akzeptanz in Deutschland

Abbildung 19: Vertrauen in die Bundeswehr im Zeitvergleich

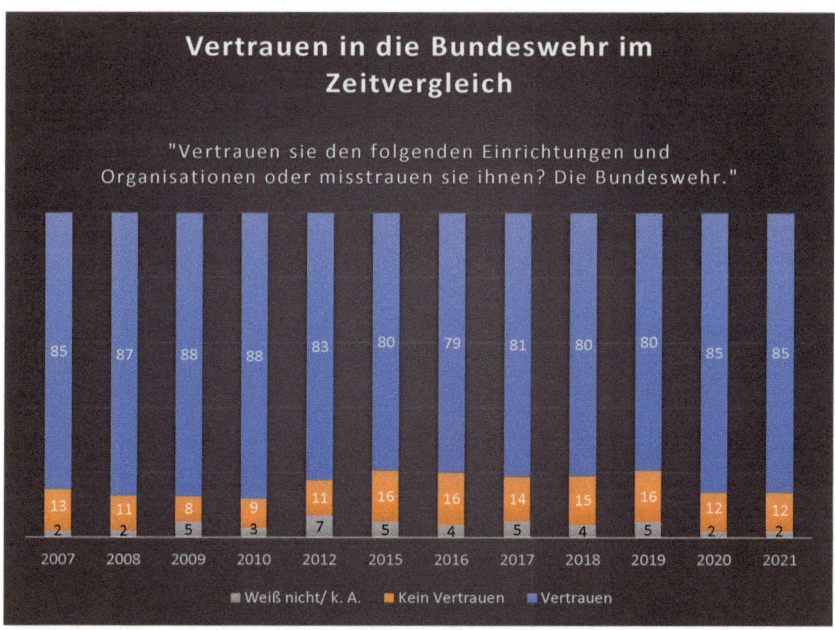

Quelle: Bevölkerungsbefragungen des ZMSBw von 2007-2021 (vgl. Bulmahn et al. 2011, S. 75f.; Wanner und Bulmahn 2013, S. 27; Graf et al. 2022, S. 144).

Die folgende Grafik (vgl. Abbildung 20) gibt einen näheren Einblick zu einzelnen Aspekten im Verhältnis von Bundeswehr und Gesellschaft. So ist es für die überwiegende Mehrheit der Bevölkerung (85 Prozent) ganz selbstverständlich, dass Deutschland eigene Streitkräfte hat und diese ein normaler Bestandteil der Gesellschaft sind (83 Prozent). Für 81 Prozent der Bürgerinnen und Bürger trägt die Bundeswehr zum Schutz der freiheitlichen Werteordnung in Deutschland bei und für über drei Viertel der Befragten verkörpert sie zentrale Werte der Gesellschaft wie Freiheit oder Gerechtigkeit. Und auch eine affektive Haltung zur Bundeswehr ist innerhalb der Bevölkerung erkennbar: 59 Prozent empfinden für die Bundeswehr ein Gefühl der Dankbarkeit und die Hälfte der Bürgerinnen und Bürger hegen ein Gefühl der inneren Verbundenheit.

Abbildung 20: Aussagen zum Verhältnis Bundeswehr und Gesellschaft

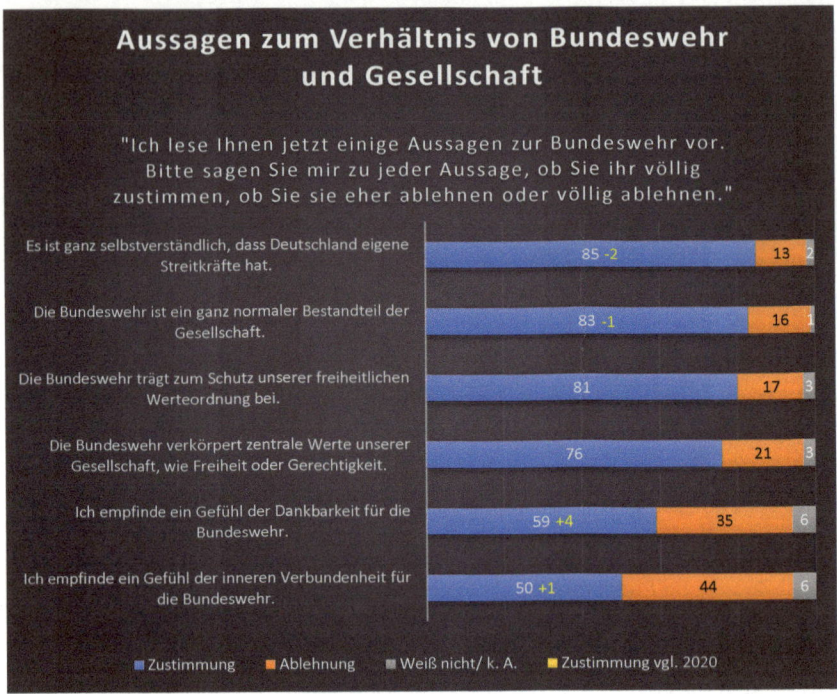

Quelle: Bevölkerungsbefragungen des ZMSBw von 2020 und 2021 (Graf et al. 2022, S. 148).

Diese hohe gesellschaftliche Akzeptanz der Bundeswehr zeigt sich in allen Teilen der Gesellschaft. Geringfügige sozialstrukturelle Differenzen zeigen sich bei Geschlecht, Alter und Bildungsniveau. So sind es Männer, ältere Bürgerinnen und Bürger sowie Befragte mit einem Hauptschulabschluss, die eine leicht positivere Haltung zur Bundeswehr aufweisen. Deutlichere Abweichungen gibt es lediglich im Hinblick auf parteipolitische Präferenzen. Hier sind es die Anhängerinnen und Anhänger von FDP, CDU/CSU und SPD mit den höchsten Zustimmungswerten (zwischen 96 und 91 Prozent); den niedrigsten Wert weisen mit 68 Prozent die Anhängerinnen und Anhänger der Grünen auf.

3.5 Innere Führung in einer Freiwilligenarmee

Zu einem Alleinstellungsmerkmal der Bundeswehr gehört das Konzept der Inneren Führung. Dieses wurde in einer Wehrpflichtarmee entwickelt und sollte – gerade angesichts der historischen Erfahrungen – zu einer Integration der Streitkräfte in die bundesrepublikanische Gesellschaft beitragen. Wie zentral dieses Thema nach wie vor ist, verdeutlicht auch die Mahnung von Bundespräsident Frank-Walter Steinmeier beim Feierlichen Gelöbnis zum 65. Gründungstag der Bundeswehr: „Denn für uns muss weiter gelten, was vor 65 Jahren Maxime der neugegründeten Bundeswehr war: Armee und Gesellschaft dürfen sich in einer Demokratie niemals fremd werden!" (Steinmeier 2012, S. 4; auch zit. in Graf 2020, S. 105). Welche Auswirkungen zeitigt nun aber die Aussetzung der Wehrpflicht und der Wandel zur Freiwilligenarmee auf dieses Konzept?

1953 beschrieb Wolf Graf von Baudissin Innere Führung als „die geistige und sittliche Verfassung der künftigen Streitkräfte, d.h. die tragenden Elemente der soldatischen Ordnung" (zit. nach Dörfler-Dierken 2005, S. 158). Innere Führung soll – so Baudissin 1954 – die Voraussetzungen dafür schaffen, dass „sich in der Truppe ein Geist entwickeln kann, der in vollem Einklang mit den sittlichen Grundlagen und Wesensformen unserer freiheitlichen Lebensordnung steht" (zit. nach Dörfler-Dierken 2005, S. 132). Elmar Wiesendahl (2007, S. 22ff.) schlüsselt Baudissins Konzept der Inneren Führung in drei Komponenten auf: (1) als Unternehmensphilosophie, (2) als Führungsphilosophie und (3) als soldatisches Berufsbild. Anhand dieses analytischen Bezugsrahmens sollen folgend die Auswirkungen des Wandels des Rekrutierungssystems in den Blick genommen und reflektiert werden.

Innere Führung als Unternehmensphilosophie (Makroebene) gibt Antworten auf die Frage, „wozu die Armee da ist, was ihr Auftrag ist und in welcher Beziehung sie zu Staat und Gesellschaft steht" (Wiesendahl 2007, S. 22). Hier haben sich seit den 1990er Jahren fundamentale Veränderungen ergeben: Mit der Gründung der Bundeswehr zu Zeiten des Kalten Krieges galt der Frieden als der Ernstfall, verbunden mit der Maxime: „Kämpfen können, um nicht kämpfen zu müssen" (vgl. Krause 2012, S. 81). Damit trat das „Kämpfen können" zunehmend in den Hintergrund. 1994 erfolgten die ersten internationalen Einsätze der Bundeswehr. Seit den 2000er Jahren wurde eine Umorientierung zu einer „Armee im Einsatz" deutlich erkennbar. Die Aussetzung der Wehrpflicht und der Wandel zur Freiwilligenarmee standen, wie im obigen Kapitel 2 beschrieben, in einem engen Zusammenhang mit dieser Entwicklung. Gesellschaftlich haben sich hiermit Veränderungen ergeben. Die Transformation der Bundeswehr hin zu einer global operierenden Einsatzarmee mit einem entgrenzten Einsatzszenario wurde und wird nicht in vollem Umfang mitgetragen. Die Zustimmungswerte bezüglich der Beteiligung der Bundeswehr an Auslandseinsätzen fallen deutlich geringer aus. Bereits 2012 lehnte die Mehrheit der Bevölkerung den deutschen ISAF-Einsatz in Afghanistan ab (38 Prozent Zustimmung, 55 Prozent Ablehnung) (vgl. Wanner und Bulmahn 2013, S. 43). Und auch in aktuellen Umfragen zeigt sich, dass die Zustimmung zum internationalen Engagement der Bundeswehr begrenzt ist:57 Prozent für Stabilisierungseinsätze, 35 Prozent für Polizeieinsätze im Ausland und nur 34 Prozent für Kampfeinsätze (vgl. Graf et al. 2022, S. 43). In diesem Sinne konstatiert auch Generalmajor André Bodemann (Interview vom 13.09.2021):

> „Es gilt die allgemeine Auffassung, Streitkräfte sind immer etwas negativ Behaftetes, weil es immer ums Töten und Getötet-Werden geht. Es geht um die Anwendung von Gewalt und das sind natürlich Dinge, die in einer doch sehr pazifistischen Gesellschaft wie der unseren nicht so gut ankommen. Das sind auch Themen, die in der Regel im politischen Wahlkampf weniger eine Rolle spielen, denn mit Sicherheitspolitik und Verteidigungspolitik kann man keine Wahlen gewinnen. Das muss uns als Streitkräften klar sein. Davon darf man sich nicht beeinflussen lassen."

Für diese Konstellation des Verhältnisses der Gesellschaft zur Bundeswehr hat sich der Begriff des „freundlichen Desinteresses", den der damalige Bundespräsident Horst Köhler prägte, etabliert. Er beschrieb dieses freundliche Desinteresse wie folgt:

> „Die Bundeswehr hat mit ihren Auslandseinsätzen in kurzer Zeit eine sehr weite Strecke zurückgelegt; aber ist das öffentliche Bewusstsein hinterhergekommen? Ich habe da meine Zweifel. [...] Der Deutsche Bundestag stimmt mehr als vierzig Mal dem Einsatz bewaffneter Streitkräfte im Ausland zu, aber die Deutschen wirken von all dem kaum berührt oder gar beeindruckt. Gewiss, die Bundeswehr ist gesellschaftlich anerkannt; aber was heißt das eigentlich genau? Die Deutschen vertrauen der Bundeswehr, mit Recht, aber ein wirkliches Interesse an ihr oder gar Stolz auf sie sind eher selten. Noch seltener sind anscheinend der Wunsch und das Bemühen, den außen- und sicherheitspolitischen Wandel zu verstehen

3.5 Innere Führung in einer Freiwilligenarmee

und zu bewerten, der da auf die Bundeswehr einwirkt" (Köhler 2005, S. 6).

Für dieses fehlende öffentliche Interesse lassen sich verschiedene Gründe ausmachen: Die Aussetzung der Wehrpflicht und mir ihr der geringere Kontakt in den Familien und die geringere Sichtbarkeit der Bundeswehr in der Öffentlichkeit sind nur ein Aspekt. Hinzu kommt der mit der Truppenreduzierung und Standortschließungen einhergehende Rückzug aus der Fläche. Des Weiteren sprechen dafür – wie im obigen Interview bereits angeklungen – die antimilitaristische Kultur in Deutschland, die „vorsichtige Distanz zu allem Militärischen" (Köhler 2005, S. 6) und die postheroische Mentalität (vgl. Mielke, Interview vom 23.06.2021). Zudem befördern die Auslandseinsätze und die damit verbundene räumliche Distanz die Entfernung zwischen ziviler Bevölkerung und den Streitkräften (vgl. u.a. Nachtwei, Interview vom 12.07.2021; Wittmann, Interview vom 09.07.2021). Hier kommt dann auch die Freiwilligkeit zum Tragen:

> „Auch lässt die Bundeswehr Aufgaben nicht zuletzt bei den Auslandseinsätzen von Personal erfüllen, das sich freiwillig dafür gemeldet hat. ‚Selbst schuld!' – Das hört man nicht wortwörtlich, aber das ist vielfach die Haltung, wenn man nun von posttraumatischer Belastungsstörung oder Verwundung und Tod usw. hört. Das lässt die Gesellschaft relativ kalt" (Wittmann, Interview vom 09.07.2021).

Letztlich hat sich mit den Auslandseinsätzen auch das Bedrohungsgefühl auseinanderentwickelt: „Früher drohte den Bürgern in Zivil und den Bürgern in Uniform dieselbe Kriegsgefahr, heute scheinen die Heimat friedlich und die Einsatzorte der Bundeswehr weit" (Köhler 2005, S. 6). Die Integration der Bundeswehr in die Gesellschaft könne erheblich verbessert werden – so Winfried Nachtwei (Interview vom 12.07.2021) – „wenn Bundeswehrangehörige ganz anders aus ihrer Realität, aus ihren Einsätzen berichten könnten. [...] In der Bundesrepublik ist ein spezifisches Problem, dass Generäle, also hohe Offiziere, in der öffentlichen Diskussion, in der sicherheitspolitischen Diskussion, praktisch nicht auftreten".

Eine zweite Ebene der Inneren Führung umfasst die Führungsphilosophie (Mesoebene), „mit der geklärt wird, auf welche Grundsätze und Regeln der Führung und Zusammenarbeit das Zusammenleben der Soldaten und Soldatinnen ausgerichtet ist" (Wiesendahl 2007, S. 22). Diese gelten – unabhängig von der Aussetzung der Wehrpflicht – im Kern bis heute unverändert fort. Zentral sind dabei das Primat der Politik wie ein gewissensgeleiteter Gehorsam:

> „Es gelten immer noch die gleichen Werte und Normen, die aus dem Grundgesetz abgeleitet sind. Es geht nach wie vor um das Dienen wofür. Wofür bin ich bereit, mein Leben einzusetzen oder das meiner mir anvertrauten Soldatinnen und Soldaten? Wann bin ich bereit zu töten? Es geht um den gewissensgeleiteten Gehorsam und damit um die Frage, wann bin ich eben genau nicht bereit, etwas zu tun? Wo verbietet mir mein Gewissen, etwas zu tun? Das ist eine Chance, die uns gegeben ist, die es sonst in anderen Armeen so nicht gegeben hat und zum Teil heute nicht gibt" (Bodemann, Interview vom 13.09.2021).

Letzterem dürfte allerdings gerade in der Einsatzwirklichkeit eine gestiegene Bedeutung zukommen. Dabei müsse eine Führungskultur etabliert werden, die „das offene Wort fördert, indem man Kritik zulässt oder sogar auch Kritik provoziert, indem man wirklich die entscheidenden Fragen auch miteinander debattiert und nicht alles nach außen hin so darstellt, als wäre das wunderbar gelaufen" (Mielke, Interview vom 23.06.2021). Insgesamt gelte es, den Soldatinnen und Soldaten mehr Orientierung zu geben:

> „Ich glaube, dass die Prägung der jungen Menschen durch Elternhaus, Familien und/oder Schule nicht mehr so stark ist wie sie es vielleicht noch vor 20 Jahren war. Und weil dies so ist – ohne dieses als Kritik zu verstehen –, müssen wir stärker Orientierung bieten. [...] Wir müssen den Menschen stärker erklären, was Dienen bedeutet, was der soldatische Dienst bedeutet, was die großen Herausforderungen und vor allem ethischen Herausforderungen unseres Berufes sind" (Bodemann, Interview vom 13.09.2021).

Auch rechtsextremistischen Vorfällen oder einem falsch verstandenen Korpsgeist entgegenzuwirken (ein prominentes Beispiel stellt hier das Kommando Spezialkräfte dar), fällt in diesen Bereich. Allerdings lässt sich hier nicht das Rekrutierungssystem – konkret Freiwilligenstreitkräfte – verantwortlich machen:

> „Dass die Wehrpflicht eine Vorsorge gegen Rechtsradikalismus sei, das finde ich ein bisschen zu weit hergeholt. Das ist die Aufgabe von Politik und Vorgesetzten, das kann man nicht durch die Wehrpflicht garantieren" (Wittmann, Interview vom 09.07.2021).

So kommt beispielsweise auch eine Studie des Sozialwissenschaftlichen Instituts der Bundeswehr aus dem Jahr 2001 zu völlig gegensätzlichen Schlussfolgerungen; sie führt die rechtsextremistischen Vorfälle in der Bundeswehr gerade auf die Wehrpflicht zurück:

> „Dabei zeigt sich, dass die bei weitem überwiegende Zahl der Delikte mit rechtsextremem Hintergrund von Wehrpflichtigen und zudem häufig in deren ersten Dienstmonaten begangen werden. Dieser Befund wird dahingehend interpretiert, dass der größte Teil der in den Streitkräften sich ereignenden rechtsextremen Vorkommnisse auf den engen und permanenten personellen Austauschprozess Bundeswehr und Gesellschaft zurückzuführen ist" (Gareis et al. 2001, S. 2f.).

Die dritte Ebene der Inneren Führung stellt das soldatische Berufsbild dar (Mikroebene), „mit dem ein Orientierungsmaßstab für die erwünschte Berufsidentität der Soldaten vorgegeben wird" (Wiesendahl 2007, S. 22). Dafür steht in der Bundeswehr der „Staatsbürger in Uniform". Dieses Leitbild gilt in gleicher Weise für die Bundeswehr als Freiwilligenarmee, wenngleich sich die damit verbundene Maxime des Reformers Scharnhorst, wonach jeder Bewohner des Landes der geborene Verteidiger desselben ist, nicht mehr erfüllt. Dieser republikanische Leitgedanke verliert sich mit Freiwilligenstreitkräften. Er geht mit veränderten gesellschaftlichen Grundhaltungen einher bzw. kommt in diesen zum Ausdruck:

> „Ich glaube, auch außerhalb der Wehrpflicht hat sich die Grundhaltung verändert – nämlich die Bereitschaft von jungen Menschen, etwas für das Gemeinwohl zu tun. Es gibt zum Teil wieder Tendenzen in diese Richtung wie beispielsweise Fridays for Future. Da sind junge Menschen, die sich für etwas engagieren und dafür private Zeit investieren. Aber wir haben in den vergangenen Jahren gesehen, wie wenig Menschen überhaupt noch bereit sind, sich in Vereinen oder für sonstige soziale Zwecke einzubringen. Insofern ist das jetzt nicht unbedingt ein Phänomen, das nur die Bundeswehr und die Aussetzung der Wehrpflicht angeht" (Bodemann, Interview vom 13.09.2021).

Hier schließt sich auch die Debatte um eine allgemeine Dienstpflicht an, die immer wieder politisch ins Gespräch gebracht wird, um den Zusammenhalt in der Gesellschaft zu fördern.

3.6 Das Ende des Zivildienstes und die Einführung des Bundesfreiwilligendienstes

Eine komplementäre Konsequenz einer demokratischen Legitimation von Streitkräften bildet das Recht auf Kriegsdienstverweigerung. Gegründet auf historische Erfahrungen im Nationalsozialismus und der sich daraus ableitenden Norm des Antimilitarismus ist dieses Recht in der Bundesrepublik auch verfassungsrechtlich – schon vor und unabhängig von der Einführung der Wehrpflicht – verankert worden (Art. 4 Abs. 3 GG). Zu Wehrpflichtzeiten zählte Deutschland zu den Ländern mit den höchsten Kriegsdienstverweigerungsquoten (vgl. auch Abbildung 21).

Abbildung 21: Anzahl der Kriegsdienstverweigerer im Zeitvergleich

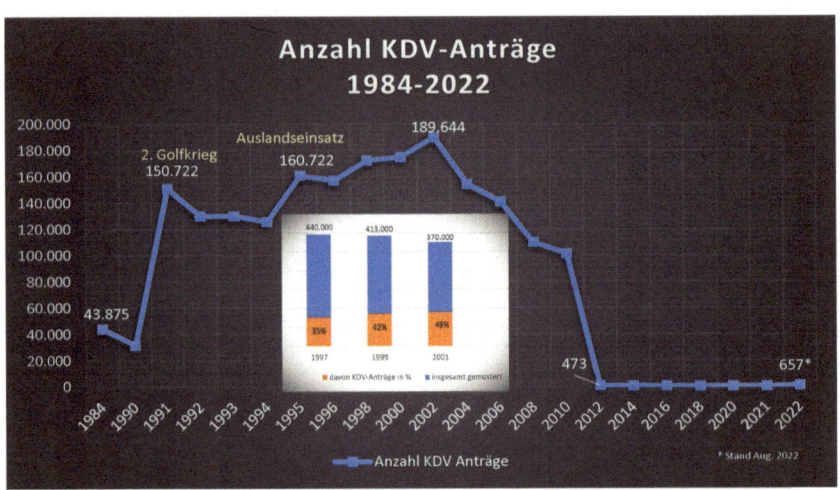

Quelle: BMVg/ BAFzA/ richter-publizistik/ RND.

Der Zivildienst (bzw. zivile Ersatzdienst), der, gekoppelt an den Wehrdienst, sich aus diesem Recht ableitet, genoss in der Öffentlichkeit ein hohes Ansehen. Er galt schon lange nicht mehr nur als Ausnahme von der Regel, sondern etablierte sich zu einem anerkannten und wichtigen Gesellschaftsdienst. Insbesondere wurde zu einer wesentlichen Stütze im sozialen Bereich. Seit 2001 überstieg die Anzahl der Zivildienstleistenden sogar die der Grundwehrdienstleistenden (vgl. Abbildung 22).

3.6 Das Ende des Zivildienstes und die Einführung des Bundesfreiwilligendienstes

Abbildung 22: Anzahl der Grundwehrdienst- und Zivildienstleistenden 1997-2009

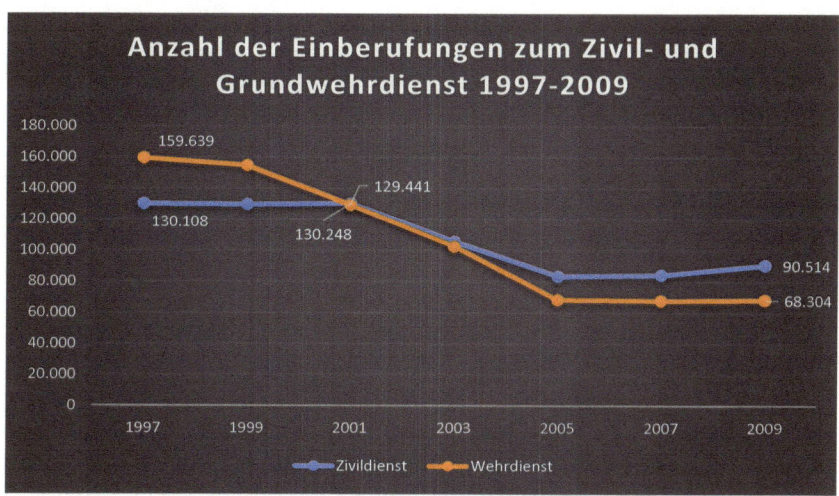

Quelle: https://de.statista.com/statistik/daten/studie/152202/umfrage/entwicklung-der-anzahl-der-wehrdienstleistenden-in-der-bundeswehr-seit-1990/ (GWDL und FzWDL); https://de.statista.com/statistik/daten/studie/70600/umfrage/einberufungen-zum-zivildienst-pro-jahr/.

Dabei lassen sich die Zahlen der Kriegsdienstverweigerung und davon abhängig die der Zivildienstleistenden nicht allein auf den Antimilitarismus und Pazifismus zurückführen. Der Zivildienst hatte sich zunehmend von seinen Ursprüngen gelöst und zu einer eigenständigen Institution entwickelt. Jens Kreuter, der ehemalige Bundesbeauftragter für den Zivildienst, sprach in diesem Kontext auch davon, „dass – obwohl es natürlich im Rahmen eines staatlichen Pflichtdienstes war – es gefühlt eine enorm hohe Freiwilligkeit gab" (Interview vom 11.06.2021). Nach Kreuter ließ sich diese auf drei Aspekte zurückführen: Erstens war es de facto eine bewusste Entscheidung, überhaupt einen Dienst – ob Wehrdienst oder Zivildienst – zu leisten. Etwa die Hälfte der Kohorte wurde ausgemustert, und „unter den jungen Männern zirkulierten natürlich die Geschichten, was man machen soll, um bei der Musterung möglichst schnell herauszufliegen" (Kreuter, Interview vom 11.06.2021). Zweitens war es eine bewusste Entscheidung, sich für den Zivildienst zu entscheiden. Diesem musste ein Antrag auf Kriegsdienstverweigerung vorausgehen. Dahinter stand die Logik: „Wer gar nichts macht, der geht zum Bund" (Kreuter, Interview vom 11.06.2021). Und drittens „gab es ein System, bei dem die Zivildienstleistenden und die

Einsatzstellen – ganz wichtig – sich das selbst aussuchen konnten" (Kreuter, Interview vom 11.06.2021). So hätten etwa 98 Prozent der jungen Männer auch ihren gewünschten Platz bekommen.

Angesichts des hohen gesellschaftlichen Stellenwertes des Zivildienstes bestand eine zentrale – wenn auch nicht politisch offen geäußerte – Argumentationslinie darin, die Wehrpflicht beizubehalten, um den Zivildienst nicht aufgeben zu müssen. Denn die hohe Anzahl von Zivildienstleistenden (vgl. Abbildung 22) stellte ein erhebliches Arbeitskräftepotenzial im Sozial- und Gesundheitssektor dar, das mit dem Auslaufen des Zivildienstes zu fehlen drohte (vgl. Backhaus-Maul e al. 2011, S. 46f.). Vor diesem Hintergrund verband sich für die Politik – neben dem Aufbau einer Freiwilligenarmee – eine zweite Herausforderung:

> „Die Bundesregierung stand folglich mit dem Ende des Zivildienstes einerseits vor der Aufgabe, einen adäquaten Ersatz für ‚preiswerte' Zivildienstleistende bereitzustellen und andererseits die administrativen und personellen Strukturen des Bundesamtes für den Zivildienst mit seinen diversen Zivildienstschulen und Regionalbeauftragten entweder aufzulösen oder umzuwandeln" (Backhaus-Maul et al. 2011, S. 47).

So beschloss die Bundesregierung mit dem absehbaren Ende des Zivildienstes bereits am 15. Dezember 2010 die Einführung eines Bundesfreiwilligendienstes (BFD). Der Bundestag verabschiedete dann am 24. April 2011 das Gesetz über den Bundesfreiwilligendienst, welches am 3. Mai 2011 in Kraft trat und die Rechtsgrundlage für seinen Beginn am 1. Juli 2011 bildet. Damit kann der Bundesfreiwilligendienst „quasi als ‚Ersatz für den zivilen Ersatzdienst'" gelten (Backhaus-Maul et al. 2011, S. 46; vgl. auch Roesgen, Interview vom 10.06.2021). Verortet ist der Bundesfreiwilligendienst beim BMFSFJ. Damit konnten der Haushaltstitel und dessen Mittel sowie die vorhandenen administrativen und personellen Strukturen des Zivildienstes fortgeführt werden (vgl. Backhaus-Maul 2011, S. 47). Eingeplant war ein anfänglicher Umfang von 35.000 Vollzeitstellen, der 2012 auch erreicht wurde. In den letzten zehn Jahren lag die durchschnittliche Anzahl der Bundesfreiwilligen bei jährlich zwischen 35.000 und 43.000 (vgl. Abbildung 23).

3.6 Das Ende des Zivildienstes und die Einführung des Bundesfreiwilligendienstes

Abbildung 23: Durchschnittliche Anzahl der Bundesfreiwilligen 2012-2022

Quelle: Bundesfreiwilligendienst: Anzahl der Leistenden bis 2022 | Statista.

War der Zivildienst ausschließlich jungen Männern, die den Kriegsdienst verweigert haben, vorbehalten, können sich im Bundesfreiwilligendienst nun auch Frauen engagieren. Zudem – und das unterscheidet den Bundesfreiwilligendienst von anderen Freiwilligendiensten wie dem Freiwilligen Sozialen Jahr und dem Freiwilligen Ökologischen Jahr – enthält er keine Altersbeschränkung; auch Menschen über 27 Jahren können diesen ableisten (vgl. Abbildung 24).

Abbildung 24: Anzahl der Bundesfreiwilligen nach Altersgruppen und Geschlecht 2022

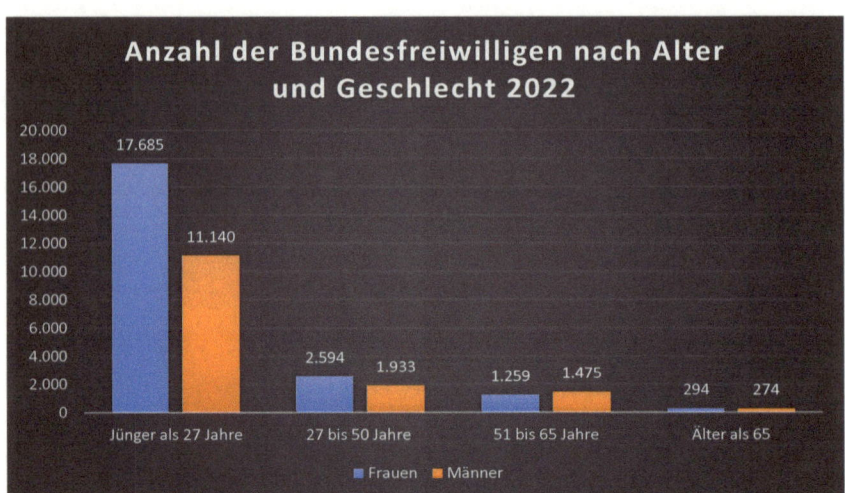

Quelle: Bundesfreiwilligendienst: Tätige nach Alter und Geschlecht 2022 | Statista.

Der Bundesfreiwilligendienst hat zusammen mit dem Ausbau der anderen Freiwilligendienste dazu beigetragen, die sozialen Folgen des Endes des Zivildienstes – zumindest ein Stück weit – abzufedern:

„Wir haben den Zivildienst abgeschafft und es ist kein Krankenwagen in der Garage geblieben und es hat auch kein Altenheim schließen müssen. Es ist nirgendwo irgendetwas zusammengebrochen, weil der Zivildienst weggefallen wäre. [...] Der Bundesfreiwilligendienst oder die Freiwilligendienste insgesamt – wir haben ja damals dann auch die anderen Freiwilligendienste im Inland und Ausland ausgebaut – haben den Zivildienst insofern an einer kleinen Stelle seiner Wirkungsbreite ersetzt, als dass sie ein Angebot sind für junge Menschen, über den Tellerrand zu blicken, sich ein Jahr lang zu engagieren und Lebenswirklichkeiten wahrzunehmen, die sie sonst nicht kennenlernen – und das in einem sehr klaren, ich glaube gut geregelten, funktionierenden, staatlich abgesicherten Rahmen" (Kreuter, Interview vom 11.06.2021).

Er ist aber auch nicht unumstritten. So steht seine staatliche Struktur der zivilgesellschaftlichen Verortung des bürgerschaftlichen Engagements entgegen:

3.6 Das Ende des Zivildienstes und die Einführung des Bundesfreiwilligendienstes

„Die ordnungspolitische Berechtigung für die Einführung dieses staatlichen Freiwilligendienstes ergibt sich allenfalls aus dem überraschend schnellen Ende des Zivildienstes, dem erklärten Willen, die im Bundeshaushalt für den Zivildienst bereits eingestellten Mittel auszuschöpfen, sowie den strukturellen, organisatorischen und personellen Herausforderungen im Zusammenhang mit der Umwandlung des Bundesamtes für den Zivildienst in ein ‚Bundesamt für Familie und zivilgesellschaftliche Aufgaben'. Unter ordnungs- und gesellschaftlichen Kriterien betrachtet sollte der BFD aber kurz- oder mittelfristig in einen zivilgesellschaftlichen Freiwilligendienst einmünden" (Backhaus-Maul et al. 2011, S. 51).

Zudem steht der Bundesfreiwilligendienst – auch aufgrund seiner Altersöffnung – unter Verdacht, gegen die vorgeschriebene Arbeitsmarktneutralität zu verstoßen und eine Alternative zur regulären Beschäftigung darzustellen (vgl. Jacob 2015, S. 51). Diese Kritik ist aber auch schon gegenüber dem Zivildienst geäußert worden. So konstatiert eine vom BMFSFJ in Auftrag gegebene Studie:

„Mit Blick auf die Flexibilisierung und Ausweitung der Arbeitsverhältnisse verhindert der Zivildienst möglicherweise die Einstellung sozialversicherungspflichtig Beschäftigter. Für die Gruppe der gering qualifizierten tätigen Personen in prekären Erwerbsverhältnissen stellt er eine manifeste Konkurrenz dar. Und schließlich sind vor allem aus der Binnenlogik des Ausbildungs- und Berufssystems sowie den dort formulierten Standards kontraproduktive Effekte durch den Zivildienst nicht auszuschließen" (Beher et al. 2003, S. 587f.).

Ungeachtet dieser Kritik hat sich der Bundesfreiwilligendienst in der Gesellschaft durchgesetzt und „im Gefüge der gesetzlich geregelten Freiwilligendienste etabliert" (Kürten, Interview vom 05.06.2021) und gilt inzwischen als ein „Erfolgsmodell" (Roesgen, Interview vom 10.06.2021).

4 Die Refokussierung auf die Landes- und Bündnisverteidigung – ein erneuter Paradigmenwechsel?

4.1 Die Rückkehr zur Geopolitik

Die „Charta von Paris für ein neues Europa" besiegelte im November 1990 – getragen von 30 Staaten Europas, den USA und Kanada – nach vier Jahrzehnten den Kalten Krieg. Das Ende der Blockkonfrontation zwischen Ost und West sollte Raum geben für Perspektiven auf eine gesamteuropäische Friedensordnung:

> „Nun ist die Zeit gekommen, in der sich die jahrzehntelang gehegten Hoffnungen und Erwartungen unserer Völker erfüllen: unerschütterliches Bekenntnis zu einer auf Menschenrechten und Grundfreiheiten beruhenden Demokratie, Wohlstand durch wirtschaftliche Freiheit und soziale Gerechtigkeit und gleiche Sicherheit für alle unsere Länder" (KSZE 1990).

Die wesentlichen unter Bezugnahme auf die Schlussakte von Helsinki (1975) formulierten Prinzipien – Gewaltverzicht und Achtung des Völkerrechts gemäß der UN-Charta, Menschenrechts- und Minderheitenschutz sowie territoriale Integrität – waren verbunden mit der Absicht, Verhandlungen über die 1986/87 begonnene atomare und konventionelle Abrüstung sowie besondere Maßnahmen der Vertrauens- und Sicherheitsbildung fortzusetzen bzw. auszubauen. Erstmals bestand die Chance eines Wandels von einer Sicherheit durch Abschreckung zu einem kooperativen Sicherheitssystem. Mit der in der Charta von Paris vereinbarten und auf dem Budapester Gipfel 1994 beschlossenen Weiterentwicklung der KSZE zur Organisation für Sicherheit und Zusammenarbeit in Europa (OSZE) verband sich die Hoffnung, diese werde zur zentralen gesamteuropäischen Sicherheitsinstitution avancieren. Diese Hoffnung erfüllte sich nicht; die Wirkungsmöglichkeiten der OSZE blieben begrenzt.

Stattdessen setzte der Westen in den letzten drei Jahrzehnten unter dem Eindruck der Friedensdividende auf einen werte- und interessenbasierten, auf liberalen Ordnungsmodellen und zunehmenden wirtschaftlichen Interdependenzen beruhenden Frieden in Europa. Damit standen zwei Institutionen im Fokus: die NATO und die Europäische Union. Diese wurden um einen Großteil der mittel- und osteuropäischen Staaten erweitert. De facto vollzog sich das Ende der bipolaren Weltordnung als „Übergang zur weltpolitischen Hegemonie des Westens" (Brock 2016). Das brachte zwei Probleme mit sich: Zum einen wurde die Perspektive einer gesamteuropäischen Sicherheitsarchitektur unter Einschluss Russlands vernachlässigt einschließlich des Ausbaus vertrauensbildender Maßnahmen. Zum anderen zeitigte diese Politik negative Konsequenzen für Staaten, denen die Beitrittsperspektive in NATO und EU bei gleichzeitiger westlicher Einflussnahme verwehrt blieb. Das mag den begrenzten Transformationsfähigkeiten der Länder, auch der fehlenden Bereitschaft des Westens, die Kosten dieser Transformationsprozesse zu übernehmen, geschuldet sein. Diese Staaten gerieten somit aber in einen „geopolitischen Schwebezustand" zwischen westlicher und russischer Einflusssphäre.

War mit dem Ende der Ost-West-Konfrontation zunächst „eine gewisse Abwendung von der Geopolitik als übergeordnetes Erklärungsmuster" (Binder und Stachowitsch 2019, S. 5) erkennbar, änderte sich diese Konstellation sichtbar mit dem russisch-georgischen Krieg 2008 und der russischen Anerkennung der beiden abtrünnigen Provinzen Abchasien und Südossetien. 2014 wiederholte sich das russische Vorgehen mit der russischen Annexion der Krim. Spätestens seit dieser Zeit ist in Europa die Geopolitik zurückgekehrt, die nun im Ukrainekrieg kulminiert. Viele sprechen von einem „neuen Kalten Krieg". Diese Metapher verharmlost allerdings die gegenwärtige Situation und hält einer Analyse nicht stand. Drei Gründe sprechen dagegen: *Erstens* handelt es sich nicht um einen kalten, sondern um einen heißen Krieg. Putins Aggression gegen die Ukraine ist ein Angriffs- und Eroberungskrieg par excellence. Und keiner weiß, wie weit Putins russische Großreich-Phantasien reichen. Im Kalten Krieg haben dagegen beide Seiten ihre Einflusssphären weitgehend respektiert. *Zweitens* fehlt es an Rationalität und Berechenbarkeit, die man in Zeiten des Kalten Krieges selbst der kommunistischen Führung und der KPdSU unterstellen konnte. Putin mag zwar innerhalb seiner Weltsicht und Logik rational agieren, aber er hat sich – durch die zunehmende Zentralisierung der politischen Macht in den letzten Jahren – zu einem einsamen Herrscher entwickelt, der Widerworte nicht duldet und keinerlei Kritik mehr erfährt. Und *drittens* ist die relativ stabile bipolare Struktur des Kalten Krieges mit dem Emporkommen Chinas in der Weltpolitik einem geostrategischen Dreieck gewichen, das weitaus labiler ist.

4 Die Refokussierung auf die Landes- und Bündnisverteidigung

In dieser neuen Großmächtekonkurrenz stellt Russlands Abkehr vom Westen die eine Achse des geopolitischen Dreiecks dar. Diese zeichnete sich schon deutlich im Vorfeld des Ukrainekrieges deutlich ab: von Putins Rede auf der Münchner Sicherheitskonferenz 2007 über die NATO-Offerte an die Ukraine sowie Georgien und den russisch-georgischen Krieg 2008 bis hin zu der russischen Annexion der Krim 2014 und dem seit dieser Zeit währenden Krieg in der Ostukraine. Die zweite geopolitische Achse ist charakterisiert durch die verstärkte Zuwendung Russlands zu China. Zwischen beiden Staaten besteht eine „strategische Partnerschaft" – sowohl wirtschaftlich als auch militärisch –, die der Devise folgt: „Niemals gegeneinander, aber nicht unbedingt immer miteinander" (Trenin 2018). Dabei ist China geopolitisch wenig an einem starken Russland gelegen (vgl. Jäger 2019, S. 75f.), die Partnerschaft ist eher dem gemeinsamen Ziel verpflichtet, der anhaltenden globalen Dominanz der USA entgegenzuwirken. Und die dritte Achse des geopolitischen Dreiecks stellt die Rivalität zwischen China und den USA dar. China verfolgt eine „Politik der ökonomischen Expansion" (Jäger 2019, S. 87) mit dem Ziel, zur führenden Industrienation zu werden. Einen besonderen wirtschaftlichen wie strategischen Stellenwert besitzt für China die Initiative „Neue Seidenstraße", mit der durch neue Straßen, Bahnstrecken und Häfen neue Handelswege zwischen China und anderen Teilen der Welt eröffnet und Rohstoffquellen gesichert werden sollen. Zunehmend kommt aber auch sein militärisches Gewicht zum Tragen. China ist zum zweitgrößten Waffenproduzenten der Welt aufgestiegen (vgl. Tian und Su 2020, S. 11). Und auch die Konkurrenz um den internationalen Einfluss mit den USA hat das Potenzial, militärisch ausgetragen zu werden (vgl. Rudolf 2020, S. 11). Dafür stehen beispielsweise der Konflikt um das Südchinesische Meer oder auch der Taiwankonflikt (vgl. ausführlicher hierzu Rudolf 2020, S. 11; Jäger 2019, S. 104ff.).

Konflikte um die internationale Vormachtstellung im strategischen Dreieck USA – Russland – China zeigen sich aber nicht nur in ihrer politischen, wirtschaftlichen und militärischen Dimension, sondern auch ideologisch: Hier stehen sich die liberale Demokratie des Westens, die „russische Welt" mit ihren konservativen und antiliberalen Wertehaltungen und der engen religiösen Rückbindung an die Orthodoxie (vgl. Jäger 2019, S. 79f.) sowie der „digitale[] Autoritarismus Chinas (Rudolf 2020, S. 11) einander gegenüber und bieten den jeweiligen Akteuren einen Legitimationsrahmen zur Durchsetzung ihrer geopolitischen Interessen.

4.2 Die stärkere Akzentuierung der Landes- und Bündnisverteidigung – eine Analyse der strategisch-konzeptionellen Grundlagendokumente 2014-2021

Mit der Wiederkehr der Geopolitik steht auch die Bundeswehr vor einem erneuten Paradigmenwechsel. Im Laufe der Geschichte der Bundeswehr lassen sich verschiedene Entwicklungsphasen ausmachen (vgl. hierzu auch Wittmann 2022): Gegründet in Zeiten der Ost-West-Konfrontation und des Kalten Krieges dominierte in der *ersten und zeitlich bislang längsten Phase* der Bundeswehr die Landesverteidigung. Frieden galt als der Ernstfall; bei einer Eskalation des Ost-West-Konfliktes wäre Deutschland das Zentrum der militärischen Auseinandersetzung gewesen. Seit dem Harmel-Bericht von 1967 verfolgte die NATO eine Doppelstrategie von militärischer Abschreckung und Entspannungspolitik. Beide Momente sollten sich nicht ausschließen, sondern einander ergänzen. Diese Doppelstrategie schien aufzugehen. Mit dem Fall der Berliner Mauer und der deutschen Wiedervereinigung sowie der Auflösung des Warschauer Paktes und des Zusammenbruchs der Sowjetunion brach ein neues Zeitalter an. Mit ihm verband sich die Hoffnung auf einen dauerhaften Frieden in Europa, festgeschrieben in der Charta von Paris (1990). Die „Armee der Einheit" mit der Herausforderung des Zusammenwachsens von Ost und West war für die Bundeswehr eines der zentralen Charakteristika dieser *zweiten Phase*. Mit den Balkankriegen und den Einsätzen im ehemaligen Jugoslawien (IFOR und SFOR in Bosnien und Herzegowina sowie KFOR im Kosovo) wurde die *dritte Phase* eingeleitet. Handlungsleitend wurden nun Einsätze im Rahmen der internationalen Krisenbewältigung; die Bundeswehr wurde zu einer „Armee im Einsatz". Dazu hat insbesondere auch der 20 Jahre währende Afghanistaneinsatz beigetragen. Mit der russischen Aggression gegen die Ukraine – von der Krim-Annexion 2014 über den Krieg in der Ostukraine bis hin zum russischen Angriff vom 24. Februar 2022 – wurde deutlich, „dass der normative Kern der euro-atlantischen Sicherheitsordnung, wie sie seit 1990 bestanden hat, erodiert" (Glatz et al. 2018, S. 9f.). Seitdem erfolgt eine Refokussierung der Bundeswehr auf die Landes- und Bündnisverteidigung.

Diese Entwicklungsphasen spiegeln sich auch in den Grundlagendokumenten der Bundeswehr wider. So räumt das Weißbuch zur Sicherheitspolitik Deutschlands und zur Zukunft der Bundeswehr von 2006 der internationalen Konfliktverhütung und Krisenbewältigung einschließlich des Kampfes gegen den internationalen Terrorismus noch oberste Priorität ein;

4 Die Refokussierung auf die Landes- und Bündnisverteidigung

diese nimmt bei den Aufgaben der Bundeswehr die erste Position ein. Der Schutz Deutschlands und seiner Bevölkerung findet sich dagegen erst – nach der Unterstützung der Bündnispartner – auf dem dritten Platz. In diesem Sinne konstatiert das Weißbuch 2006:

> „Internationale Konfliktverhütung und Krisenbewältigung einschließlich des Kampfes gegen den internationalen Terrorismus sind auf absehbare Zeit ihre wahrscheinlicheren Aufgaben. Sie sind strukturbestimmend und prägen maßgeblich Fähigkeiten, Führungssysteme, Verfügbarkeit und Ausrüstung der Bundeswehr. Einsätze zur Konfliktverhütung und Krisenbewältigung unterscheiden sich hinsichtlich Intensität und Komplexität nicht von Einsätzen zur Verteidigung von Bündnispartnern" (BMVg 2006, S. 72).

In den Verteidigungspolitischen Richtlinien von 2011 – und damit zeitgleich zur Aussetzung der Wehrpflicht – setzt sich diese Priorisierung der internationalen Krisen- und Konfliktbearbeitung fort. Landes- und Bündnisverteidigung bleibt zwar als eine Aufgabe der Bundeswehr bestehen, diese wird aber als ein unwahrscheinliches Szenario eingestuft und erscheint nur noch als „Nebenprodukt" der Fähigkeiten der Bundeswehr zur internationalen Krisen- und Konfliktbearbeitung:

> „Die wahrscheinlicheren Aufgaben der internationalen Konfliktverhütung und Krisenbewältigung bestimmen die Grundzüge der neuen Struktur der Bundeswehr. Die dafür verfügbaren Kräfte erfüllen im Wesentlichen auch die Anforderungen für die Landes und Bündnisverteidigung sowie des Heimatschutzes der Bundeswehr" (BMVg 2011, S. 27).

Einen Wendepunkt stellt dann das Jahr 2014 dar. Mit der russischen Annexion der Krim gewinnt die Landes- und Bündnisverteidigung wieder an Bedeutung – nur drei Jahre nach Einführung der Freiwilligenarmee als Reaktion auf die vorrangig internationalen Einsatzszenarien. Deutlich erkennbar ist dieser Richtungswechsel im *Weißbuch zur Sicherheitspolitik und zur Zukunft der Bundeswehr von 2016*:

> „Die stärkere Akzentuierung von Landes- und Bündnisverteidigung einschließlich der Abschreckung – insbesondere an der Peripherie der Allianz – verlangt von der Bundeswehr, ihre Einsatzorientierung auf diese anspruchsvolle Aufgabe und die hierzu notwendige Vorbereitung zu erweitern. Hieraus resultierende Verpflichtungen und Maßnahmen haben mit den jüngeren sicherheitspolitischen Veränderungen eine neue

4.2 Eine Analyse der strategisch-konzeptionellen Grundlagendokumente

Dimension erreicht. Sie werden absehbar verstärkt die Fähigkeiten der Bundeswehr in der gesamten Bandbreite fordern" (BMVg 2016, S. 88).

Dem voraus gingen Beschlüsse der NATO auf ihren Gipfeltreffen 2014 in Wales und 2016 in Warschau zur Umorientierung auf die Bündnisverteidigung und die Erhöhung der Einsatzbereitschaft. Das beinhaltete insbesondere eine verstärkte NATO-Präsenz an der Ostflanke des Bündnisses. In diesem Kontext bekräftigte die NATO in Wales auch noch einmal das „Zwei-Prozent-Ziel" (vgl. u.a. Wittmann 2022, S. 59ff.). Mit der Refokussierung auf die Landes- und Bündnisverteidigung gewinnt die NATO signifikant an Bedeutung; sie wird „für Deutschland aus verteidigungspolitischer Perspektive das primäre Gestaltungsfeld" (Krause und Staack 2019, S. 10). Dementsprechend konstatiert das Weißbuch 2016:

„Wirksame kollektive Verteidigung ist angesichts der Rückkehr von Gewalt und Gewaltandrohung in die europäische Politik sowie der Instabilitäten in der Nachbarschaft des Bündnisgebietes von existenzieller Bedeutung. Dies gilt erst recht unter den Bedingungen weltweiter Proliferation von Massenvernichtungswaffen und Trägermitteln sowie der umfassenden Aufrüstung in zahlreichen Staaten" (BMVg 2016, S. 64).

Die *Konzeption der Bundeswehr von 2018* dient der Umsetzung der Vorgaben des Weißbuches 2016. So ist auch hier die Landes- und Bündnisverteidigung „der bestimmende Parameter für die Grundaufstellung der Bundeswehr" (BMVg 2018, S. 22). Diese ist weit konzipiert:

„Kollektive Bündnisverteidigung kann von kleineren Einsätzen bis zur anspruchsvollen sehr großen Operation im gesamten Eskalationsspektrum innerhalb und am Rande des Bündnisgebietes reichen. Die Bundeswehr muss daher in der Lage sein, mit kurzem Vorlauf umfassende Fähigkeiten bis hin zu kampfkräftigen Großverbänden innerhalb und am Rande des Bündnisgebietes einzusetzen. Sie muss über Kräfte und Mittel verfügen, die zum Führen von Operationen mit hoher Intensität über eine begrenzte Dauer sowie in schneller Reaktion befähigt sind und die als Folgekräfte in einer sehr großen Operation eingesetzt werden können" (BMVg 2018, S. 21f.).

Hinzu kommen Maßnahmen zur Bündnissolidarität, die „der Rückversicherung der Bündnispartner und zur Abschreckung potenzieller Angreifer [dienen]" (BMVg 2018, S. 22) sowie der Heimatschutz. Aber auch die Anforderungen an das internationale Krisenmanagement erweisen sich als

4 Die Refokussierung auf die Landes- und Bündnisverteidigung

komplex: „von präventivem Handeln bei krisenhaften Entwicklungen über zeitlich begrenzte, hoch intensive Operationen in schneller Reaktion bis hin zu lang andauernden stabilisierenden Einsätzen im Rahmen der Sicherheitsvor- und Krisennachsorge" (BMVg 2018, S. 24). Kritische Anfragen an die Konzeption der Bundeswehr ergeben sich insbesondere im Hinblick auf deren Umsetzbarkeit:

> „Wer miterlebt hat, wie die Bundeswehr hier über Jahre hinweg Kapazitäten abgebaut, Fähigkeiten und Personal verloren, Depots geschlossen, ihre Ressourcen aufgebraucht, von der Substanz gelebt und sich nahezu ausschließlich auf den Einsatz im Ausland hin orientiert hat, der weiß, dass dies unter den gegebenen Vorzeichen und in Zeiten ausgesetzter Wehrpflicht eine äußerst schwierige, teure und langfristige Aufgabe werden dürfte" (Krause und Staack 2019, S. 17f.).

Die stärkere Akzentuierung der Landes- und Bündnisverteidigung ist gleichfalls Ausgangspunkt für die *Strategie der Reserve von 2019*:

> „Eine Renaissance klassischer Machtpolitik, die auch den Einsatz konventioneller militärischer Mittel zur Verfolgung nationaler Ziele vorsieht, führt bei der Bundeswehr zur Rückbesinnung auf die Landes- und Bündnisverteidigung" (BMVg 2019, S. 7).

In Verbindung mit den Aufgaben und dem Zweck der Reserve – sie „gewährleistet den Aufwuchs, verstärkt die Einsatzbereitschaft, erhöht die Durchhaltefähigkeit im gesamten Aufgabenspektrum der Bundeswehr, insbesondere für den Auftrag Landes- und Bündnisverteidigung" (BMVg 2019, S. 9) – gewinnt diese wieder verstärkt an Bedeutung. Ziel der Strategie der Reserve war es daher, die – auch infolge der Aussetzung der Wehrpflicht – deutlich reduzierte Reserve personell aufzustocken und die erhöhte Bedarfsdeckung sicherzustellen. Dafür wurde eine Grundbeorderung eingeführt; sie ist das Kernelement der neuen Strategie. Danach werden grundsätzlich alle wehrdienstfähig aus dem aktiven Dienst ausscheidenden Soldatinnen und Soldaten der Bundeswehr für einen Zeitraum von insgesamt sechs Jahren in der Reserve beordert, sofern sie bei Dienstzeitende das 57. Lebensjahr noch nicht vollendet haben. Längstens gilt die Grundbeorderung bis zur Vollendung des 60. Lebensjahres. Außerhalb eines Bereitschafts-, Spannungs- und Verteidigungsfalls bleibt der Reservedienst weiterhin freiwillig (vgl. BMVg 2019, S. 25ff.). Umgesetzt wird die Grundbeorderung seit dem 1. Oktober 2021. Geplant sind 100.000 militärische nichtaktive Dienstposten (vgl. Vorhölter 2021).

4.2 Eine Analyse der strategisch-konzeptionellen Grundlagendokumente

Kurz vor dem Ende der 19. Legislaturperiode erschienen *2021 die Eckpunkte für die Bundeswehr der Zukunft*. Dieses Papier stellt „keine ‚große Bundeswehrreform'" dar (BMVg 2021, S. 5), vielmehr soll es „einen Diskussionsbeitrag für die in der nächsten Legislaturperiode anstehenden Entscheidungen leisten" (BMVg 2021, S. 5). Das relativiert ein Stück weit den Charakter und die Verbindlichkeit des Dokumentes. Die Landes- und Bündnisverteidigung erfährt auch im Eckpunktepapier eine neue Gewichtung:

„Die Bundeswehr muss weiterhin gegen einen gleichwertigen Gegner militärische Operationen im Gefecht der verbundenen Waffen, und zukünftig auch im Gefecht der verbundenen Dimensionen, führen können – im ganzen Spektrum bis hin zum hochintensiven Gefecht. Dafür sind militärische Fähigkeiten zur Abschreckung in der gesamten Bandbreite, einschließlich der nuklearen Teilhabe, notwendig. Denn dieselben autoritären Staaten, die Konflikte durch hybride Ansätze flexibel, unterhalb der Schwelle des Artikel 5 des NATO-Vertrags steuern, bauen nach wie vor ihre Fähigkeiten zur ‚klassischen Kriegführung' aus und verfügen bereits heute über Fähigkeiten für schnelle Anfangsoperationen" (BMVg 2021, S. 10).

Dafür müsse die Bundeswehr schnell reagieren können; gefordert sei eine „Kaltstartfähigkeit" (BMVg 2021 S. 10). Die Bundeswehr müsse in der Lage sein, in allen Dimensionen (Land, Luft/Weltraum, See sowie Cyber- und Informationsraum) handlungsfähige Kräfte und Fähigkeiten für die Landes- und Bündnisverteidigung bereitzustellen. Dazu gehören unter anderem die Sicherstellung Deutschlands als Drehscheibe für Bündnisoperationen, der Heimatschutz sowie die nationale territoriale Verteidigung (vgl. BMVg 2021, S. 13). Das schließt Anpassungen an die Führungsorganisation ein. So wird ein territoriales Führungskommando eingeführt, das „einen Beitrag zur Stärkung der Zusammenarbeit mit relevanten Stellen und Behörden, wie unter anderem dem Bundesamt für Bevölkerungsschutz und Katastrophenhilfe, leisten" soll (BMVg 2021, S. 21). Einsätze im Rahmen des internationalen Krisenmanagements werden als weiterhin bestehende Aufgabe aufgeführt, finden aber nur eine kurze Erwähnung (vgl. BMVg 2021, S. 13f.). Im Hinblick auf die Streitkräfteplanung und die Fähigkeiten der Bundeswehr fordert das Eckpunktepapier einen breiten Mix an militärischen Fähigkeiten – sowohl quantitativ als auch qualitativ:

> „Quantitativ reicht das Spektrum dabei von aktiver, vollausgestatteter Truppe bis zur nichtaktiven Ausbringung in der Reserve; qualitativ von ‚state-of-the-art' Hochtechnologie bis zur ‚robusten Masse'" (BMVg 2021, S. 17).

Der Begriff der „robusten Masse" wird nicht näher ausgeführt, dieser könnte aber gegebenenfalls auch in Richtung einer Wiedereinführung der Wehrpflicht gelesen werden.

Das nächste strategisch-konzeptionelle Grundlagendokument ist in Vorbereitung: Vor dem Hintergrund der aktuellen europäischen wie globalen sicherheitspolitischen Herausforderungen sowie auf der Grundlage der jüngsten EU- und NATO-Strategien – des Strategischen Kompasses der EU vom März 2022 und des Strategischen Konzepts der NATO vom Juni 2022 – findet gegenwärtig ein Strategieprozess statt, der in eine erste Nationale Sicherheitsstrategie münden soll. Im Hinblick auf die Aufgaben der Bundeswehr werden zwei Entwicklungen prägend sein: die Refokussierung auf die Landes- und Bündnisverteidigung im Lichte der Wiederkehr der Geopolitik, aber auch die ernüchternden Ergebnisse bzw. das Scheitern der letzten beiden großen Einsätze im Rahmen der internationalen Krisenbewältigung: der Einsätze in Afghanistan und Mali.

4.3 Der Heimatschutz als Aufgabe der Bundeswehr

Der Schutz der Bürgerinnen und Bürger stellt eine gesamtgesellschaftliche Aufgabe dar, die aus zwei Säulen – der militärischen und der zivilen Verteidigung – besteht und deren Strukturen und Aufgaben auch in zwei zentralen Dokumenten – in der Konzeption der Bundeswehr (BMVg 2018) und in der Konzeption Zivile Verteidigung (BMI 2016) – verankert sind (vgl. Abbildung 25).

4.3 Der Heimatschutz als Aufgabe der Bundeswehr

Abbildung 25: Zwei Säulen der Sicherheitsvorsorge

Zwei Säulen der Sicherheitsvorsorge	BMI Rahmenrichtline Gesamtverteidigung 1989	
Verantwortliche Ressorts und grundlegende Konzeptionen	BMVg Konzeption der Bundeswehr (KdB) 2018	BMI Konzeption Zivile Verteidigung (KZV) 2016
Frieden/ Inland	Heimatschutz (beinhaltet sog. Amtshilfe)	Ländersache (Ustg. im Rahmen sog. Amtshilfe mgl.)
Verteidigungsfall/ Inland	Nationale Territoriale Verteidigung	Zivilverteidigung
Zuständige Stelle	Nationaler Territorialer Befehlshaber (zukünftig im Territorialen Führungskommando)	Bundesamt für Bevölkerungsschutz und Katastrophenhilfe
Durchführung	Landeskommandos und (zukünftig) Heimatschutzregimenter	THW, Deutsches Rotes Kreuz usw.

Quelle: Schöne (2021, S. 4).

Mit der Refokussierung der Bundeswehr auf die Landes- und Bündnisverteidigung gewinnt auch der Heimatschutz als die militärische Dimension der gesamtgesellschaftlichen Sicherheitsvorsorge an Bedeutung. Während dieser im Weißbuch 2006 noch keinerlei Erwähnung findet, wird er im Weißbuch 2016 – neben der nationalen Krisen- und Risikovorsorge und subsidiären Unterstützungsleistungen – als eine von mehreren Hauptaufgaben der Bundeswehr beschrieben. Danach soll der Heimatschutz „zur gesamtstaatlichen Sicherheitsvorsorge und zur Resilienz von Staat und Gesellschaft" (BMVg 2016, S. 92) beitragen. Er soll „außerhalb des Spannungs- und Verteidigungsfalls dem Schutz Deutschlands und seiner sich auf deutschem Hoheitsgebiet befindenden Bürgerinnen und Bürger dienen" (BMVg 2018, S. 22). Dazu zählen unter anderem

- die Überwachung und Gewährleistung der Sicherheit des deutschen Luft- und Seeraumes sowie die territoriale Flugkörperabwehr,

- die Sicherstellung kritischer Weltrauminfrastruktur, beispielsweise Beiträge zum gesamtstaatlichen Lagebild im Cyber- und Informationsraum,
- Such- und Rettungsdienste im Inland, beispielsweise im Rahmen des nationalen SAR-Dienstes (*Search and Rescue*) oder des *Host Nation Support* zur Unterstützung ausländischer, befreundeter Streitkräfte in Deutschland, sowie
- die subsidiäre Unterstützung, beispielsweise bei Naturkatastrophen, besonders schweren Unglücksfällen und im Falle des Inneren Notstandes (vgl. BMVg 2018, S. 22; Schöne 2021, S. 7).

Zudem müsse der Heimatschutz „verzugslos in die Nationale Territoriale Verteidigung (Inland/Verteidigungsfall) übergehen können. Daher müssen Struktur, Ausbildung und Ausrüstung so angelegt sein, dass sie ihre Wirkung im gesamten Intensitätsspektrum (Frieden – Krise – Krieg) erzielen können" (Schöne 2021, S. 3).

In diesem Kontext steht auch die im Eckpunktepapier von 2021 geforderte Einführung eines territorialen Führungskommandos. Dieses ist zum 1. Oktober 2022 mit Sitz in Berlin in den Dienst gestellt worden. Aufgabe des neuen Führungskommandos ist es, die Aufgaben innerhalb Deutschlands zu bündeln. Es ist verantwortlich für die operative Führung der nationalen Kräfte im Rahmen des Heimatschutzes einschließlich der Amts- und Katastrophenhilfe sowie für die Unterstützung bei der Verlegung von Truppen von Partnernationen auf deutschem Gebiet („Deutschland als Drehscheibe") und stellt damit ein Pendant zum Einsatzführungskommando bei Potsdam, welches die Auslandseinsätze der Bundeswehr steuert, dar.

5 Das Pilotprojekt „Dein Jahr für Deutschland"

5.1 Die Einführung eines neuen freiwilligen Wehrdienstes im Bereich des Heimatschutzes

Mit der Refokussierung auf die Landes- und Bündnisverteidigung und der gestiegenen Bedeutung des Heimatschutzes führte das Verteidigungsministerium einen neuen freiwilligen Wehrdienst im Bereich des Heimatschutzes ein. Im April 2021 startete das Pilotprojekt „Dein Jahr für Deutschland". Zeitlich fiel dieses Projekt in die Debatten um eine Wiedereinführung der Wehrpflicht wie um die Etablierung einer allgemeinen Dienstpflicht. So verbinden sich mit ihm auch zwei grundsätzliche Zielsetzungen: Zum einen stellt es ein neues Angebot für Menschen dar, die sich in der Bundeswehr engagieren wollen. Bereits der Titel „Dein Jahr für Deutschland" betont den gesellschaftspolitischen Charakter dieses Freiwilligendienstes. Damit soll der gesellschaftliche Zusammenhalt gestärkt werden. Der Freiwilligendienst sei – so die damalige Verteidigungsministerin Annegret Kramp-Karrenbauer auf der Bundespressekonferenz vom 23. Juli 2020 – „der Kitt, der die Gesellschaft in schwierigen Zeiten zusammenhält". Zum anderen könne mit ihm eine Brücke zwischen dem Heimatschutz und der Reserve hergestellt werden. Der Freiwillige Wehrdienst im Heimatschutz ist in die Territoriale Reserve eingebettet. Im Fokus steht hier der Schutz des Gemeinwesens und der Bevölkerung. Im Rahmen der Landesverteidigung beinhaltet dies Aufgaben zum Schutz und zur Sicherung von Einrichtungen, von kritischen Infrastrukturen und der Bevölkerung. In Friedenszeiten gilt es, im Rahmen von Hilfeleistungen den Bevölkerungsschutz bei Naturkatastrophen, schweren Unglücksfällen oder andersartigen Krisenlagen zu unterstützen. Damit soll das Projekt „Dein Jahr für Deutschland" der Stärkung der gesamtstaatlichen Krisenvorsorge wie der Reservestrukturen der Bundeswehr für die territoriale Verteidigung dienen.

Der Freiwillige Wehrdienst im Heimatschutz umfasst eine aktive Dienstzeit von einem Jahr und besteht aus verschiedenen Phasen:

1. *Grundausbildung*: Diese umfasst drei Monate und beinhaltet unter anderem Formaldienst, Gefechtsdienst, Rechte und Pflichten der Soldaten/Innere Führung, Handwaffenausbildung sowie Selbst- und Kameradenhilfe.

2. *Spezialgrundausbildung*: Diese schließt sich unmittelbar an die Grundausbildung an, dauert drei Monate und findet in Berlin, Delmenhorst oder Wildflecken statt. Im Fokus der Ausbildung stehen hier Sicherungs- und Objektschutzaufgaben und damit verbunden die Ausbildung an der Waffe.
3. *Ausbildung in der Stammeinheit*: Diese Ausbildungseinheit erfolgt heimatnah in einem der Landeskommandos und umfasst insgesamt einen Monat.
4. *Reservedienst*: Dieser ist innerhalb der anschließenden sechs Jahre für eine Dauer von insgesamt fünf Monaten in den jeweiligen Regionalen Sicherungs- und Unterstützungskompanien (RSU-Kompanien) abzuleisten. Außerhalb des Bereitschafts-, Spannungs- und Verteidigungsfalls basiert er auf Freiwilligkeit.

Gegenüber dem seit 2011 bestehenden Freiwilligen Wehrdienst zeichnet sich der Freiwillige Wehrdienst im Heimatschutz durch eine durchgängig kurze Dienstzeit (7 Monate + 5 Monate flexibler Reservedienst), Heimatnähe sowie den Ausschluss von Auslandseinsätzen aus. Pro Jahr sind 1.000 Rekrutinnen und Rekruten vorgesehen. Diese Zahlen wurden mit der Einführung des Pilotprojektes „Dein Jahr für Deutschland" auch weitgehend erreicht. 2021 gab es 899 Einplanungen (davon 15 Prozent Frauen) und 2022 1.058 Einplanungen (davon 17 Prozent Frauen) (entsprechend Daten aus dem Bundesamt für das Personalmanagement der Bundeswehr vom 17.01.2023).

Abbildung 26: Höchster Schulabschluss der FWDL und FWD-Hsch im Vergleich

Schulabschluss	2021		2022	
	FWDL	FWD-HSch	FWDL	FWD-HSch
(Fach)Hochschulreife, Hochschulabschluss	4.047 (55%)	434 (52%)	4.739 (55%)	525 (54%)
Mittlerer Abschluss	2.477 (34%)	269 (32%)	2.896 (34%)	294 (30%)
Hauptschulabschluss	795 (11%)	136 (16%)	970 (11%)	152 (15%)
Sonstiger Abschluss	10	2	16	10 (1%)
Insgesamt	7.329	841	8.621	981

Quelle: Daten aus dem Bundesamt für das Personalmanagement der Bundeswehr vom 31.01.2023.

Statistisch betrachtet weisen Freiwillig Wehrdienstleistende im Heimatschutz (FWD HSch) – zumindest was die Startphase anbelangt – tendenziell ein geringeres Bildungsniveau auf als Freiwillig Wehrdienstleistende (FWDL) (vgl. Abbildung 26). Dafür spricht auch, dass vereinzelt Bewerberinnen und Bewerber, die für den Freiwilligen Wehrdienst abgelehnt werden, dann ihren Dienst im Heimatschutz leisten können (vgl. Pilotprojekt, Rekrut/in, Interviews 28 und 29, jeweils vom 07.10.2021).

5.2 Erste Berichte und Erfahrungen von Rekrutinnen und Rekruten sowie Ausbilderinnen und Ausbildern

Befragt wurden Rekrutinnen und Rekruten in der zweiten Kohorte (Start: 1. Juli 2021) sowie deren Ausbilderinnen und Ausbilder. Dabei hatten alle befragten Rekrutinnen und Rekruten ihre Grundausbildung bereits absolviert und befanden sich größtenteils in der Spezialausbildung, einige von ihnen auch schon in den Landeskommandos. Insgesamt wurden mehr als 50 Face-to-Face-Interviews geführt.

5.2.1 Motivationen der Rekrutinnen und Rekruten

Was waren die Motivationen der befragten Rekrutinnen und Rekruten, sich für einen Freiwilligen Wehrdienst im Heimatschutz zu entscheiden? Zum einen finden sich hier die gleichen intrinsischen wie utilaristischen Motive wie beim 2011 eingeführten Freiwilligen Wehrdienst (vgl. Abbildung 6). Zum anderen umfassen sie aber auch explizit Aspekte, mit denen dieser freiwillige Wehrdienst im Heimatschutz offiziell beworben wird: eine kurze Dienstzeit und eine hohe Flexibilität beim Reservedienst, eine heimatnahe Verwendung und der Ausschluss von Auslandseinsätzen.

> „Es war so ein bisschen der formale Rahmen dieses Projektes: erst einmal die kurze Verpflichtungszeit von sieben Monaten. Das war natürlich ideal, einmal für eine kurze Zeit und ohne lange Verpflichtung in die Bundeswehr hineinzuschauen und einmal auszuprobieren, wie das so ist, ob es etwas für mich ist oder nicht. Dazu kam noch diese Sicherheit, dass man auf keinen Fall in einen Auslandseinsatz kommt. Ich denke, das ist auch für viele eine Hürde, weswegen sie nicht zur Bundeswehr wollen – das fiel auch weg. Und dann eben auch die Sache, wie es beworben wurde, dass man heimatnah einen Dienst leisten kann – nicht nur für

sich, sondern auch für andere, für das Allgemeinwohl. Das ist natürlich auch ein Punkt gewesen, der einen dazu bewegt hat. Das Konzept war auf jeden Fall ansprechend" (Pilotprojekt, Rekrut/in, Interview 60 vom 26.01.2022).

Ein zentraler Punkt für die befragten Rekrutinnen und Rekruten war dabei die Möglichkeit, einen Einblick in die Bundeswehr zu bekommen:

„Ich habe mich extrem für die Bundeswehr interessiert und Heimatschutz habe ich erst einmal gewählt, weil es für mich ein Einstieg in die Bundeswehr war. Es hat mir in diesem Sinne vieles ermöglicht, also im Sinne von: ‚Ich gucke mal in die Bundeswehr rein. Was könnte ich später hier machen?'" (Pilotprojekt, Rekrut/in, Interview 48 vom 10.11.2021).

In diesem Sinne dient der Freiwillige Wehrdienst im Heimatschutz für den einen oder die andere auch als „Sprungbrett" für eine weitere Karriere in der Bundeswehr (Pilotprojekt, Rekrut/in, Interview 18 vom 07.10.2021).

5.2.2 Aufgabenspektrum

Angesichts der verschiedenen Aufgaben, die mit dem Heimatschutz verbunden sind – zum einen der Schutz und die Sicherung von Einrichtungen, kritischer Infrastruktur und der Bevölkerung im Rahmen der Landesverteidigung, zum anderen Hilfsleistungen bei Naturkatastrophen etc. in Friedenszeiten –, ist es auch bei den Rekrutinnen und Rekruten zu Irritationen gekommen. Einige der Befragten hatten vorrangig den zweiten Aufgabenschwerpunkt, d.h. den Katastrophenschutz, im Blick und verbanden mit ihrer Bewerbung im Heimatschutz einen Dienst im Sinne einer „Bundeswehr light". So waren die ersten Erfahrungen für einige „überraschend": „Ich hätte nicht gedacht, dass es wirklich so militärisch ist" (Pilotprojekt, Rekrut/in, Interview 19 vom 07.10.2021). Auch andere Rekrutinnen und Rekruten berichteten:

„Die ursprüngliche Erwartungshaltung war eigentlich, dass man bei Flutkatastrophen und derlei mithilft. Wie es jetzt aussieht, ist es eher so, dass wir im Zweifel kritische Infrastruktur schützen werden, das heißt eher so Checkpoint und so etwas in die Richtung machen. Im Allgemeinen gehen wir mehr von diesem – was uns so propagiert wurde – Heimatschutz weg, eher in Richtung Landes- und Bündnisverteidigung" (Pilotprojekt, Rekrut/in, Interview 52 vom 11.11.2021).

5.2 Erste Berichte und Erfahrungen

„Gut die Hälfte der Ausbildung zum Heimatschützer [Spezialausbildung, Anm. d. Verf.] ist Dienst an der Waffe, ihr lernt die Panzerfaust, ihr lernt das MG, ihr lernt noch einmal die P8 und das G36, [...] Und da war ich erst einmal ein bisschen überrascht. Mir wurde gesagt, es ist THW-mäßig, ich bekomme eine Ausbildung zum Helfen in Katastrophen und dann dreht sich die gesamte Ausbildung darum, dass ich Dienst an der Waffe leiste" (Pilotprojekt, Rekrut/in, Interview 43 vom 11.11.2021).

„Ich hatte schon gehofft, dass es mehr in Richtung Katastrophenschutz geht. Also das fehlt mir leider ein bisschen, das hätte ich gerne gehabt" (Pilotprojekt, Rekrut/in, Interview 49 vom 11.11.2021).

Dass die Ausbildung im Heimatschutz stärker militärische Aufgaben der Landesverteidigung und weniger Hilfsleistungen bei Naturkatastrophen etc. umfasst, bestätigen auch deren Ausbilderinnen und Ausbilder:

„Sie werden erst einmal voll militärisch umfänglich ausgebildet, haben erst einmal die Grundbefähigung für die militärische Laufbahn. Da sind so kleine Abstecher wie zum Beispiel mit der Feuerwehr drin, Sanitätsausbildung machen wir hier auch noch einmal [...]. Objektschutz, das ist noch ein großes Thema für den Verteidigungsfall, damit eben Infrastruktur geschützt werden kann wie Kraftwerke usw. Aber ansonsten war es das dann, also hier schleppt keiner Sandsäcke oder schaufelt Schnee, so wie es in den Medien war" (Pilotprojekt, Ausbilder/in, Interview 33 vom 11.11.2021).

Zu diesen Irritationen bei den Rekrutinnen und Rekruten haben neben Medienberichten wesentlich auch die Beratungen in den Karrierecenter beigetragen. Dort seien die Aufgaben des Freiwilligen Wehrdienstes im Heimatschutz – so fast durchgehend die Aussagen der befragten Soldatinnen und Soldaten im Pilotprojekt – vergleichbar mit denen des THW beschrieben worden: „Das war wirklich nicht realitätsgetreu, die Bundeswehr ist kein THW-Dienst. Das hätte besser kommuniziert werden müssen" (Pilotprojekt, Rekrut/in, Interview 43 vom 11.11.2021).

„'Was hat man Euch denn erzählt?' – Ja das Typische, Sandsäcke schleppen und so etwas. Und das ist in dieser Ausbildung gar nicht drin. Man kam her und hat den Ausbildungsplan erhalten, und das war einfach komplett anders" (Pilotprojekt, Rekrut/in, Interview 46 vom 11.11.2021).

5 Das Pilotprojekt „Dein Jahr für Deutschland"

Außerhalb dieser Unklarheiten ist das Pilotprojekt „Dein Jahr für Deutschland" gut angekommen. Insbesondere stoßen die Ausbildungsinhalte und die Ausbildungsintensität bei den Rekrutinnen und Rekruten auf eine überaus positive Resonanz – selbst bei den Soldatinnen und Soldaten, die mit anderen Erwartungen in die Bundeswehr kamen.[11]

„Die SGA [Spezialgrundausbildung, Anm. d. Verf.] an sich ist richtig gut, [...]. Wir haben mitbekommen, dass vieles, was wir hier lernen, nicht mehr ausgebildet wird, auch mit der Waffenausbildung. Das ist schon ziemlich cool und weitgreifend, dass wir das lernen dürfen. Das ist schon abgefahren, Du kommst hierher, wirst aufgenommen und dann wird dir so viel gezeigt. Dafür, dass ich nur sieben Monate hier bin, habe ich verflucht viel gelernt. An sich ist das schon super aufgebaut" (Pilotprojekt, Rekrut/in, Interview 51 vom 11.11.2021).

„Man lernt für den Anfang auch sehr viel mehr kennen, jedenfalls mehr, als wenn man ganz normal einfach seinen Freiwilligen Wehrdienst ableistet. Ich muss sagen, für mich war es auch ein Fokus, dass ich halt viel mehr mache, als wenn ich jetzt ein Jahr nur da rumsitze und Kaffee koche – das ist ja immer dieser Grundgedanke. Aber das war wirklich der Punkt, wo ich sage ‚Mache ich, weil ich darauf Bock habe'" (Pilotprojekt, Rekrut/in, Interview 48 vom 10.11.2021).

„Im Heimatschutz gab es noch eine erweiterte Ausbildung. Und da ich in den sieben Monaten so viel wie möglich mitnehmen wollte, habe ich mich hierfür entschieden" (Pilotprojekt, Rekrut/in, Interview 44 vom 11.11.2021).

5.2.3 Weiterverpflichtung und Personalgewinnung

Ein Großteil der befragten Rekrutinnen und Rekruten hat – und das zeigen auch die obigen Ausführungen – eine stark intrinsische Motivation. Diese sind am „militärischen Weg" interessiert (Pilotprojekt, Rekrut/in, Interview 30 vom 7.10.2021), d.h. am Soldatsein und an einer explizit militärischen

---

11 Zu berücksichtigen sind hier allerdings auch diejenigen, die ihren Dienst vorzeitig beendet haben, zum Teil, weil sie „definitiv falsche Erwartungen" hatten (u.a. Pilotprojekt, Rekrut/in, Interview 28 vom 07.10.2021). Letztlich ist die Abbrecherquote mit 23,8 Prozent (Stichtag 30. Juni 2021) aber vergleichbar mit der des normalen Freiwilligen Wehrdienstes und auch niedriger als beim Bundesfreiwilligendienst (2019 bspw. rund 32 Prozent) (vgl. Deutscher Bundestag 2021, S. 3).

Tätigkeit. Das bestätigt auch einer der befragten Ausbilder: „Ja, ich muss sagen, die meisten – zumindest was ich so erlebe – interessieren sich tatsächlich mehr für die militärische Geschichte als für den Heimatschutz an sich" (Pilotprojekt, Ausbilder/in, Interview 13 vom 7.10.2021).

„Tatsächlich war es, wie bei vielen, nicht der Aspekt des Heimatschutzes, sondern, dass ich zur Bundeswehr möchte. Dann wurde mir aber gesagt, dass sich ein Freiwilliger Wehrdienst für sieben Monate nicht lohnen würde, man würde dann nur Kaffee kochen etc. Das hat mich natürlich ein bisschen abgeschreckt. Aber dann wurde auf den Heimatschutz hingewiesen. Im Endeffekt habe ich es nicht bereut, weil man im Heimatschutz eine viel fundiertere Ausbildung als im normalen Freiwilligen Wehrdienst bekommt, weil man dort anders eingesetzt ist" (Pilotprojekt, Rekrut/in, Interview 56 vom 25.01.2022).

Die meisten der Befragten haben auch vor, sich bei der Bundeswehr weiter zu verpflichten – entweder als Freiwillig Wehrdienstleistende mit bis zu 23 Monaten oder auch als Soldat auf Zeit. Dabei handelt es sich nur teilweise um Rekrutinnen und Rekruten, die erst durch ihren Dienst im Heimatschutz die Bundeswehr als Arbeitgeber für sich entdeckt haben. Der weitaus größere Teil hatte sich bereits im Vorfeld für einen (längeren) Dienst in der Bundeswehr interessiert und wurde durch die Karrierecenter in den Heimatschutz ‚gedrängt'. Das mag politisch motiviert gewesen sein, um das Pilotprojekt in voller Stärke starten zu können. Eine Optimierung der Beratung ist hier aber deutlich angezeigt:

„Die Bewerber gehen mit der Vorstellung in das Karrierecenter, sie wollen FWDL 23 machen, also einen Freiwilligen Wehrdienst für 23 Monate, und kommen aber raus mit FWDL7 Heimatschutz – so als wenn ich ein Auto kaufen will und komme mit einem Mofa raus. [...] Deswegen haben wir ja auch so viele, die während des Heimatschutzes umschwenken und sagen, ich will SaZ werden oder ich will FWDL 23 machen etc." (Pilotprojekt, Ausbilder/in, Interview 36 vom 11.11.2021).

In der Konsequenz führt diese Policy in den Karrierecentern dazu, dass mit dem Freiwilligen Wehrdienst im Heimatschutz – obwohl dieser prinzipiell das Potenzial dazu bietet – nur bedingt eine neue Klientel gewonnen werden kann. Denn ein Großteil des rekrutierten Personals für das Pilotprojekt geht zulasten anderer Verwendungen – das lässt sich zumindest im Hinblick auf die Startphase und den Zeitraum der Befragungen konstatieren. Für die angedachte Reservezeit – fünf Monate im Laufe von sechs Jahren –

stehen dann nur noch die wenigsten Rekrutinnen und Rekruten zur Verfügung: Es entfallen zum einen diejenigen, die ihren Dienst vorzeitig beenden (ca. ein Viertel), und zum anderen jener große Anteil von Rekrutinnen und Rekruten, die sich weiter verpflichten. Hinzu kommen Heimatschützer, die für sich eine aktive Reservezeit ausschließen:

> „,Das heißt, dann würden Sie den Reservedienst gar nicht unbedingt machen?' – Nein, den hätte ich auch sonst [d.h. ohne Verlängerungsantrag, Anm. d. Verf.] nicht gemacht. Ich habe im Karrierecenter mit dem Oberstleutnant darüber geredet, der hat gesagt, es wird zwar immer suggeriert, dass man diese fünf Monate ableisten muss, es passiert aber nichts, wenn man die einfach nicht ableistet. Man kann natürlich im Landesverteidigungsfall eingezogen werden, dagegen kann man sich nicht wehren, aber so an sich muss man das nicht" (Pilotprojekt, Rekrut/in, Interview 47 vom 11.11.2021).

Mehr Personal für den Freiwilligen Wehrdienst im Heimatschutz ließe sich gewinnen, wenn die heimatnahe Verwendung – für viele der Rekrutinnen und Rekruten ein zentraler Aspekt – sich auch auf die Ausbildungsphasen beziehen würde:

> „Ich finde den Ansatz von dem Projekt sehr gut. Nur was mir aufgefallen ist, dass ganz viele von meinen Kameraden […], dass denen sehr viel dieses Heimatnahe versprochen wird, womit sich die meisten Leute denken, okay, das ist in meiner Nähe, dann aber dieses Heimatnahe nicht da ist. […] Es gibt drei Ausbildungsstätten – in Berlin, in Delmenhorst und in Wildflecken – und dass man vielleicht noch ein, zwei zentralere Punkte mit anbindet, weil, das ist so das einzige Problem, was ich sehe, es heißt Heimatschutz, aber du wirst nicht heimatnah eingesetzt" (Pilotprojekt, Rekrut/in, Interview 18 vom 7.10.2021).

Generell stellen die häufigen Versetzungen in der Bundeswehr für viele Interessierte einen Hinderungsgrund dar, sich für die Bundeswehr als Arbeitgeber zu entscheiden. Individuelle Aspekte – und dazu gehört auch die Frage nach der Vereinbarkeit von Beruf und Familie – werden angesichts der Y- und Z-Generationen, die sich jetzt bewerben, immer wichtiger.

> „Prinzipiell könnte ich mir das [eine längere Verwendung, Anm. d. Verf.] schon vorstellen, aber da gibt es halt einen sehr großen Negativpunkt, dass man als Offizier immer versetzt wird. Das ist für die Familienplanung sehr schwierig, wenn man jedes zweite Jahr in eine andere Ecke

von Deutschland ziehen muss" (Pilotprojekt, Rekrut/in, Interview 31 vom 7.10.2021).

„Also ich würde mich wahrscheinlich für die Polizei entscheiden [...], weil es bei der Bundeswehr auch schwirig ist, eine heimatnahe Verwendung zu bekommen" (Pilotprojekt, Rekrut/in, Interview 45 vom 10.11.2021).

Diesbezüglich wäre, auch angesichts eines wieder notwendig werdenden steigenden Streitkräfteumfanges, grundsätzlich die Versetzungspraxis in der Bundeswehr zu überdenken. Damit verbunden wäre dann auch – ohne es an dieser Stelle vertieft ausführen zu können – ein prinzipieller Wandel in der Ausbildung vom Generalisten zum Spezialisten – für Letzteres haben sich auch andere europäische Armeen entschieden.

Bei den Ausbilderinnen und Ausbildern des Pilotprojektes „Dein Jahr für Deutschland" dominieren wiederum die Aspekte der Reserve und der Personalgewinnung:

„In dem Sinne ist das dann für die Landes- und Bündnisverteidigung natürlich auch ein positiver Faktor: mehr Personal, mehr Stärke. Dahingehend ist das denke ich definitiv eine gute Maßnahme" (Pilotprojekt, Ausbilder/in, Interview 39 vom 11.11.2021).

„Es ist wichtig, erstens in der Hinsicht, wenn dieser Krisenfall einmal ausbrechen sollte. Die Bundeswehr hat unter Karl-Theodor zu Guttenberg doch viel Personal abgebaut, dementsprechend viel Potenzial verloren. Wenn jemand mal vor der Tür steht, sei es Russland oder wer auch immer, dass man dann auch hier schnell handeln kann. Der Heimatschutz ist in der Hinsicht sinnvoll, dass man wieder Leute hat, die diese grundsätzliche militärische Befähigung haben, andere Leute anleiten können und als Multiplikatoren auch innerhalb der Bevölkerung wirken können" (Pilotprojekt, Ausbilder/in, Interview 40 vom 11.11.2021).

Aber es gibt auch kritische Stimmen:

„Den Freiwilligen Wehrdienst gibt es schon länger, aber man müsste den anders propagieren, dann könnte man sich das Heimatschutzprojekt an und für sich sparen" (Pilotprojekt, Ausbilder/in, Interview 34 vom 11.11.2021).

Letztlich wird mit dem Pilotprojekt „Dein Jahr für Deutschland" und der Refokussierung auf die Landes- und Bündnisverteidigung auch noch einmal die Debatte um eine Wiedereinführung der Wehrpflicht – dann auch für Frauen – angestoßen:

> „Das ist nur meine persönliche Meinung, dass das irgendwann wieder in die Richtung einer Wehrpflicht gehen sollte. Dass das jetzt ein Pilotprojekt ist, um zu gucken, wie die Akzeptanz sich gestaltet, wie wir die Ausbildung machen" (Pilotprojekt, Ausbilder/in, Interview 40 vom 11.11.2021).

> „Ich möchte noch gerne anmerken, dass ich für eine Wiedereinsetzung der Wehrpflicht bin, aber auch für Frauen. Das machen andere Nationen auch so und ich glaube, dass Frauen auch sehr davon profitieren können" (Pilotprojekt, Ausbilder/in, Interview 38 vom 11.11.2021).

5.2.4 Zwischenfazit

Zusammenfassend betrachtet lassen sich zwei zentrale Ergebnisse ausmachen: Zum einen ist das Pilotprojekt gut angelaufen, es findet entsprechenden Zuspruch und stellt – was die Personalgewinnung anbelangt – ein zusätzliches Angebot dar. Zum anderen gibt es noch Unstimmigkeiten, wo sich der Heimatschutz genau verortet. Das zeigt sich deutlich an den Unsicherheiten – und teilweise sogar Irritationen – der Rekrutinnen und Rekruten, was sie erwartet und wofür sie ausgebildet werden. So reduzierten sowohl die Medien als auch die Karrierecenter – zumindest in der Startphase – das Pilotprojekt inhaltlich überwiegend auf Hilfsleistungen bei Naturkatastrophen, schweren Unglücksfällen oder andersartigen Krisenlagen, während in der Bundeswehr Aufgaben zum Schutz und zur Sicherung von Einrichtungen, von kritischen Infrastrukturen und der Bevölkerung im Fokus stehen.

5.3 „Dein Jahr für Deutschland" – Ergänzung oder Konkurrenz zu Einrichtungen des Bevölkerungs- und Katastrophenschutzes?

Die Einführung des Pilotprojektes „Dein Jahr für Deutschland" hat zugleich Debatten darüber ausgelöst, wie sich dieses zu Einrichtungen des Bevölkerungs- und Katastrophenschutzes positioniert. In diesem Sinne formulierte auch der Vorsitzende des Deutschen Bundeswehrverbandes André Wüstner: „Letztendlich geht es um die Präzisierung des ‚Wofür Hei-

5.3 Ergänzung oder Konkurrenz zum Bevölkerungs- und Katastrophenschutz

matschutz', denn nur ein besseres THW in Flecktarn zu sein, darf niemals der Anspruch der Bundeswehr werden" (zit. nach Bombeke 2021).

Vertreterinnen und Vertreter des Bevölkerungs- und Katastrophenschutzes[12] sind in ihrer Einschätzung gegenüber dem Freiwilligen Wehrdienst im Heimatschutz durchaus gespalten: Während die einen das Pilotprojekt der Bundeswehr eher als Ergänzung zu den eigenen Einrichtungen betrachten (vgl. Reuter, Interview vom 28.06.2021; Lüssem, Interview vom 29.06.2021; Klüber, Interview vom 18.06.2021; Bensmann, Interview vom 25.06.2021), stehen andere ihm durchaus skeptisch gegenüber und sehen in dem Pilotprojekt eher ein Konkurrenzmodell (vgl. u.a. Schnatz, Interview vom 24.06.2021; Banse, Interview vom 24.06.2021; Schulte-Hülsmann, Interview vom 24.06.2021).

Bei Naturkatastrophen, schweren Unglücksfällen oder andersartigen Krisenlagen liegt die Hauptverantwortung generell beim Bevölkerungs- und Katastrophenschutz. Einsätze der Bundeswehr sind hier ausschließlich im Rahmen der Amtshilfe möglich:

„Zur Hilfe bei einer Naturkatastrophe oder bei einem besonders schweren Unglücksfall kann ein Land Polizeikräfte anderer Länder, Kräfte und Einrichtungen anderer Verwaltungen sowie des Bundesgrenzschutzes und der Streitkräfte anfordern" (Art. 35 Abs. 2 GG).

Darauf stützen sich auch die befragten Vertreterinnen und Vertreter der Einrichtungen des Bevölkerungs- und Katastrophenschutzes: „Die Bundeswehr kommt ja immer nur subsidiär und nachrangig zum Einsatz" (Bensmann, Interview vom 25.06.2021). Dennoch dominieren Bedenken:

„Wir müssen schon ganz ehrlich sagen, dass der Freiwillige Wehrdienstdienst, wie er als Pilotprojekt angesetzt ist, von den Hilfsorganisationen, also den Feuerwehren und auch dem THW durchaus skeptisch gesehen wird" (Klüber, Interview vom 18.06.2021).

Diese basieren auf mehreren Gründen: Zum einen bestehe – so die vorrangige Kritik – eine Wettbewerbsverzerrung angesichts der im Vergleich zu Freiwilligendiensten hohen Besoldung:

---

12 Befragt wurden Vertreterinnen und Vertreter des Technischen Hilfswerkes (THW), des Deutschen Roten Kreuzes (DRK), des Arbeiter-Samariter-Bundes (ASB), der Malteser, der Johanniter-Unfall-Hilfe, des Deutschen Feuerwehrverbandes (DFV) und der Deutschen Lebens-Rettungs-Gesellschaft (DLRG).

„Im Vergleich zu dem rein ehrenamtlichen Einsatz in der Feuerwehr, im THW und in den Hilfsorganisationen ist dort der Wehrsold für junge Leute durchaus ein attraktiver Faktor, was wir so in dieser Form nicht leisten können. Gleichzeitig ist es aber so, dass man sich ja an der Einsatzstelle sieht. Das heißt, wir haben dort Freiwillig Wehrdienstleistende, die im Grundkurs etwas gelernt haben und die dort dann eingesetzt werden, während langjährig erfahrene Ehrenamtliche das Gleiche – wahrscheinlich besser – für kein Geld machen" (Klüber, Interview vom 18.06.2021).

„Was ich bei ‚Dein Jahr für Deutschland' schon bedenklich finde ist die Tatsache, dass es ein freiwilliges Jahr für Deutschland ist und immerhin die Menschen, die sich dort verpflichten, einen Sold erhalten, der für Ehrenamtliche überhaupt nicht in Betracht kommt. Wenn man dann natürlich noch lesen darf, dass die Beförderung mit öffentlichen Verkehrsmitteln für Bundeswehrangehörige kostenlos ist, dann stellt man sich bei Hilfsorganisationen schon die Frage, ob das noch maßvoll und motivierend für die Ehrenamtlichen und Freiwilligen ist (Lüssem, Interview vom 29.06.2021).

In diesem Kontext mahnen auch einige der Befragten an, anstelle der Einführung eines Freiwilligen Wehrdienstes im Heimatschutz vielmehr den Bevölkerungs- und Katastrophenschutz zu stärken:

„Ob das jetzt die Bundeswehr machen muss, das weiß ich nicht. [...] Man hätte überlegen können, wie man die vorhandenen Katastrophenschutzstrukturen stärken kann. Das fängt an mit der Ausstattung, Finanzierung, Anerkennung und der Wertschätzung von Ehrenamtlichen. [...] Zudem hätte man sich überlegen müssen, wie man für den ehrenamtlichen Katastrophenschutz Leute findet. Wenn man denen 1.400 Euro (netto) hinterherwirft, findet man auch ganz schnell Leute" (Schnatz, Interview vom 24.06.2021).

Zum anderen sei das Pilotprojekt „Dein Jahr für Deutschland" auch im Hinblick auf die Ausgestaltung des Dienstes nicht mit anderen Freiwilligendiensten vergleichbar. Mit der bestehenden Flexibilität – bezogen wird sich hier auf die variabel zu gestaltende fünfmonatige Reservezeit im Laufe von sechs Jahren – komme noch einmal ein zusätzliches wettbewerbsverzerrendes Moment hinzu:

5.3 Ergänzung oder Konkurrenz zum Bevölkerungs- und Katastrophenschutz

„Der Freiwillige Wehrdienst ist ja kein Freiwilligendienst. Es ist ja kein nach dem Bundesfreiwilligendienst oder dem Freiwilligen Sozialen Jahr gestalteter Dienst, sondern einer nach den Regeln aus dem militärischen Bereich. [...] Es ist so, dass dieses recht enge Korsett, was die Freiwilligendienste haben, für den Freiwilligen Wehrdienst nicht gilt. Zum Beispiel die zeitlich gestreckte Form und die Verkürzung sind alles Möglichkeiten, die Freiwillige eines Bundesfreiwilligendienstes oder eines Freiwilligen Sozialen Jahres nicht haben. Das kann möglicherweise dazu führen, dass junge Leute eher den Freiwilligen Wehrdienst absolvieren als beispielsweise den Bundesfreiwilligendienst" (Klüber, Interview vom 18.06.2021).

Letztlich wird neben der „Verzerrung des Gesamtgefüges" (Schnatz, Interview vom 24.06.2021) auch die fehlende Koordinierung kritisiert – von Einrichtungen des Bevölkerungs- und Katastrophenschutzes wie von politischen Vertreterinnen und Vertretern:

„Es gibt überhaupt keine Absprache und es hat keine Vorklärung hinsichtlich des Konzeptes mit den Hilfsorganisationen gegeben – zumindest mit unserer Organisation nicht" (Schulte-Hülsmann, Interview vom 24.06.2021).

„Es gibt keine Koordination, überhaupt keine Koordinierung, jeder macht seins. Das ist ein ganz großes Problem. [...] Das Technische Hilfswerk macht sein Ding, die Bundeswehr macht ihr Ding. Das ist übrigens etwas, was dringend geändert werden muss, dass bei Katastrophen, wie wir sie gerade in Westdeutschland mit der Überflutung ganzer Orte erlebt haben, dass das viel, viel besser koordiniert werden muss" (Strack-Zimmermann, Interview vom 20.08.2021).

Die Problematik der unzureichenden zivil-militärischen Zusammenarbeit wird auch in der Bundeswehr bei der Ausbildung der Heimatschützer gesehen:

„Wir laden uns die Feuerwehr ein, die hier mit denen die Ausbildung zum Brandschutz macht. Wir versuchen, immer möglichst viel abzudecken und auch zivile Kräfte einzubinden, wo es geht. Das ist aber gar nicht so ein einfaches Unterfangen, weil unsere Ausbildungspläne da recht vollgepackt sind [...] Das ist eine Sache des zeitlichen Managements, ob man immer kann, ob das Rote Kreuz an dem Tag unserer Sanitätsausbildung Zeit hat oder nicht, ob das THW gerade Zeit und

5 Das Pilotprojekt „Dein Jahr für Deutschland"

Lust hat, rauszukommen. Dieser Organisationsaufwand ist sicher noch etwas, woran man drehen kann, aber das ist natürlich auch mit viel Arbeit und Planung verbunden und es ist nicht immer ganz einfach, das aus dem Stegreif zu bewerkstelligen" (Pilotprojekt, Ausbilder/in, Interview 34 vom 11.11.2021).

Letztlich stehe – so ein/e weitere/r Ausbilder/in im Pilotprojekt „Dein Jahr für Deutschland" – der Katastrophenschutz gar nicht im Fokus der Ausbildung der Heimatschützer:

„Das, was die hier wirklich lernen, ist das Militärische, das Sichern von Anlagen und Objekten, das ist der Kern. Aber das, was der Katastrophenschutz macht, wie THW und das Ganze, das lernen die hier bei uns nicht, das ist nicht Teil der Ausbildung" (Pilotprojekt, Ausbilder/in, Interview 36 vom 11.11.2021).

Zum Tragen kommt hier erneut die fehlende Kommunikation, wofür dieser Heimatschutz steht. Die häufig erfolgte einseitige mediale Fokussierung auf Hilfsleistungen bei Naturkatastrophen, schweren Unglücksfällen oder andersartigen Krisenlagen führt zu einem Zerrbild: Im Mittelpunkt der Ausbildung der Heimatschützer steht die infanteristische Ausbildung; der Dienst in der Reserve umfasst vorrangig die Sicherung von Objekten, kritischer Infrastruktur und der Bevölkerung. Das schließt die Amtshilfe bei Naturkatastrophen, schweren Unglücksfällen etc. mit ein, stellt aber nicht ihre vorrangige Aufgabe dar. Freiwillig Wehrdienstleistende im Heimatschutz sind eben kein „besseres THW in Flecktarn", sondern vorrangig Landesverteidigerinnen und Landesverteidiger. Der Artikel 35 GG erfordert allerdings – und das betrifft nicht nur den Heimatschutz – eine enge zivil-militärische Zusammenarbeit.

6 Aktuelle Entwicklungen angesichts des Ukrainekrieges

6.1 Die finanzielle Trendwende in der Bundeswehr

Der russische Angriff auf die Ukraine am 24. Februar 2022 hat die 2014 begonnene Trendwende in der Bundeswehr (vgl. Abschnitt 4.2) nicht nur fortgesetzt, sondern noch einmal massiv verstärkt. Die Refokussierung auf die Landes- und Bündnisverteidigung besitzt spätestens seit dieser Zeit oberste und uneingeschränkte Priorität. Bereits infolge der russischen Annexion der Krim setzte die Bundesregierung wieder auf eine Erhöhung der Verteidigungsausgaben (vgl. Abbildung 27).

Abbildung 27: Trendwende Finanzen

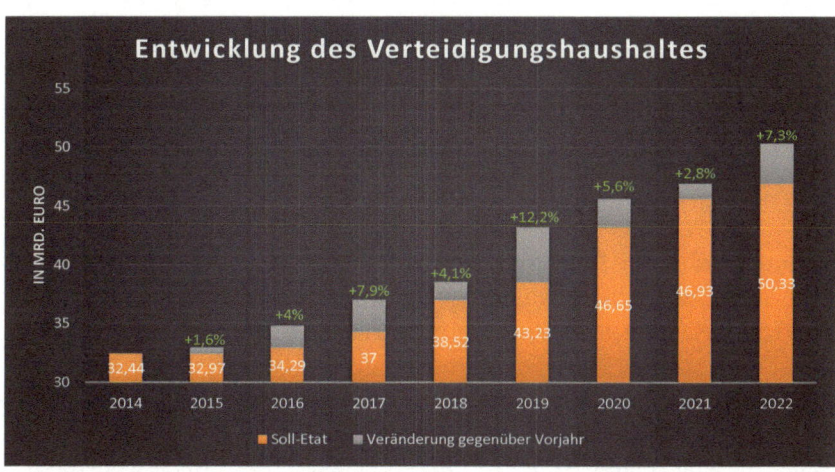

Quelle: https://www.bundeswehr.de/de/ueber-die-bundeswehr/modernisierung-bundeswehr/verteidigungshaushalt-trendwende-finanzen. Zugegriffen: 22. Dezember 2022.

Eine neue Dimension erfuhr diese Entwicklung in der Regierungserklärung von Bundeskanzler Olaf Scholz am 27. Februar 2022:

„Wir erleben eine Zeitenwende. Und das bedeutet: Die Welt danach ist nicht mehr dieselbe wie die Welt davor. Im Kern geht es um die Frage, ob Macht das Recht brechen darf, ob wir es Putin gestatten, die Uhren zurückzudrehen in die Zeit der Großmächte des 19. Jahrhunderts, oder ob wir die Kraft aufbringen, Kriegstreibern wie Putin Grenzen zu setzen. Das setzt eigene Stärke voraus" (Scholz 2022, S. 8).

In dieser benennt er fünf Handlungsaufträge: (1) die Ukraine zu unterstützen, (2) Putin von seinem Kriegskurs abzubringen, (3) zu verhindern, dass Putins Krieg auf andere Länder in Europa übergreift („Ohne Wenn und Aber stehen wir zu unserer Beistandspflicht in der NATO."), (4) die Stärkung der Bundeswehr sowie (5) eine neue Außenpolitik (vgl. Scholz 2022, S. 9ff.).

Zentral ist hierbei der vierte Punkt – das Ziel einer leistungsfähigen Bundeswehr. Scholz (2022, S. 15) konstatiert: „Wir brauchen Flugzeuge, die fliegen, Schiffe, die in See stechen, und Soldatinnen und Soldaten, die für ihre Einsätze optimal ausgerüstet sind." Dafür soll einmalig ein Sondervermögen von 100 Milliarden Euro eingerichtet werden. Zudem kündigt der Bundeskanzler an, die Verteidigungsausgaben – in Erfüllung der Absprachen innerhalb der NATO – bis 2024 auf zwei Prozent vom Bruttoinlandsprodukt (BIP) zu steigern (vgl. Scholz 2022, S. 15). Für die Bundesrepublik bedeutet dieser Schritt eine massive Erhöhung der Verteidigungsausgaben von derzeit 1,3 auf dann dauerhaft 2,0 Prozent des BIP.

6.2 Personalgewinnung versus Anforderungen

Zudem erfordert die Refokussierung auf die Landes- und Bündnisverteidigung, auch den Streitkräfteumfang wieder zu erhöhen. So sieht die bereits im Dezember 2020 beschlossene mittelfristige Personalplanung der Bundeswehr bis 2027 203.000 Dienstposten für Soldatinnen und Soldaten vor, davon: rund 186.000 Zeit- und Berufssoldaten, bis zu 12.500 Freiwillig Wehrdienstleistende sowie 4.500 Reservistenstellen.

Gegenwärtig (Stand: 31. Januar 2023) dienen in der Bundeswehr 183.277 Soldatinnen und Soldaten, davon: 56.750 Berufssoldaten, 116.365 Soldaten auf Zeit, 9.777 Freiwillig Wehrdienstleistende sowie 385 Heimatschützer.[13] Die Personalgewinnung erweist sich derzeit als nicht einfach. Während bei den Offizieren (bezogen auf das Jahr 2022) auf eine Einplanung noch 5,2 Bewerber/innen kommen, sind es bei der Gruppe der Feldwebel, Unteroffiziere und Mannschaften (SaZ) lediglich 2,6 Bewerber/innen und bei

---

13 Vgl. https://www.bundeswehr.de/de/ueber-die-bundeswehr/zahlen-daten-fakten/personalzahlen-bundeswehr. Zugegriffen: 3. März 2023.

den Freiwillig Wehrdienstleistenden gar nur 1,2 Bewerber/innen (vgl. Daten aus dem Bundesamt für das Personalmanagement der Bundeswehr vom 17.01.2023). Bei der letztgenannten Gruppe muss faktisch fast jede Bewerberin und jeder Bewerber eingestellt werden. Die notwendige Erhöhung des Streitkräfteumfanges ist angesichts dieser Zahlen nicht erreichbar. Vertreterinnen und Vertreter der Karrierecenter der Bundeswehr sprechen zudem noch von einem Rückgang der Bewerberzahlen:

„Hinsichtlich der Anzahl der Bewerbungen haben wir direkt nach Kriegsbeginn einen Rückgang zu verzeichnen gehabt, der sich zwischenzeitlich auf niedrigem Niveau stabilisiert hat. Als Ursache für die niedrigen Bewerberzahlen derzeit würde ich jedoch nicht nur den Krieg in der Ukraine benennen, sondern auch die Konkurrenz durch zivile Arbeitgeber und Polizei/Bundespolizei" (Karrierecenter, Interview 11 vom 13.12.2021, Ergänzung vom Dezember 2022).

Dabei löst der Ukrainekrieg unterschiedliche Reaktionen bei den Bewerberinnen und Bewerbern aus:

„Es gibt durchaus Bewerbende, die den Ukrainekrieg als Motiv für ihre Bewerbung angeben, und sich deshalb einer staatsbürgerlichen Pflicht stellen möchten. Andererseits gibt es auch Bewerbende, die sich aus diesem Grund lediglich für den Freiwilligen Wehrdienst bzw. den Heimatschutz bewerben, eben weil sie – und/oder ihre Eltern – Angst davor haben, in einen möglichen Einsatz in die Ukraine geschickt zu werden" (Karrierecenter, Interview 11 vom 13.12.2021, Ergänzung vom Dezember 2022).

Insgesamt sei – so die Beobachtung in den Karrierecentern – „die Landesverteidigung wieder mehr ins Bewusstsein der Bewerberinnen und Bewerber getreten" (Karrierecenter, Interview 5 vom 07.12.2021, Ergänzung im Dezember 2022).

In diesem Kontext ist eine weitere Entwicklung zu verzeichnen: das Ansteigen der Anträge auf Kriegsdienstverweigerung (vgl. Karrierecenter, Interview 11 vom 13.12.2021, Ergänzung vom Dezember 2022). Die Zahl der Verweigerungen vervierfachte sich bereits im August 2022 – d.h. nach nur acht Monaten – im Vergleich zum gesamten Vorjahr. Das betrifft insbesondere die Reservistinnen und Reservisten (Anstieg von 10 auf 190) sowie die

Ungedienten (23 auf 484).[14] Rein quantitativ betrachtet mögen diese Zahlen eher unerheblich sein, sie verweisen aber auf eine veränderte Bedrohungs- und Stimmungslage.

6.3 Die „Zeitenwende" im öffentlichen Meinungsbild

Der Ukrainekrieg hat auch das öffentliche sicherheits- und verteidigungspolitische Meinungsbild in der Bevölkerung deutlich geprägt und verändert. Eine repräsentative Bevölkerungsumfrage vom Juni/Juli 2022 zeigt, dass sich „das Sicherheitsgefühl [...] der Bürgerinnen und Bürger im Vergleich zum Vorjahr deutlich verschlechtert [hat]" (Graf 2022, S. 2). Dabei hat sich der Anteil derjenigen, die sich durch einen Krieg in Europa bedroht fühlen, im Vergleich zu 2021 von 15 auf 45 Prozent verdreifacht. Auch fühlen sich 42 Prozent durch einen Krieg mit Atomwaffen bedroht (vgl. Graf 2022, S. 2; Abbildung 28).

Abbildung 28: Bedrohungsfaktoren – Wahrnehmungen in der Bevölkerung 2022

„Inwieweit fühlen Sie sich persönlich zurzeit durch folgende Faktoren bedroht?"		
	2022 (in %)	Vgl. zu 2021
Steigende Preise	78	+25
Spannungen zwischen dem Westen und Russland	60	+37
Weltweiter Klimawandel durch die globale Erwärmung	50	+2
Krieg in Europa	45	+30
Weltweites militärisches Wettrüsten	44	+16
Krieg mit Atomwaffen	42	Neu
...	...	...

Quelle: Graf (2022, S. 2).

Vor diesem Hintergrund befürwortet auch die Mehrheit der Bevölkerung eine Erhöhung der Verteidigungsausgaben und des Streitkräfteumfanges der Bundeswehr: mit einem Anstieg von jeweils knapp 20 Prozent im Vergleich zum Vorjahr. Bereits mit der russischen Annexion der Krim 2014

---

14 Vgl. https://www.zeit.de/politik/deutschland/2022-10/bundeswehr-kriegsdienstverw eigerer-krieg-ukraine-kritik-linke?utm_referrer=https%3A%2F%2Fwww.google.de %2F. Zugegriffen: 22. Dezember 2022.

stieg die Zustimmung in der Bevölkerung sprunghaft an (vgl. Abbildung 29).

Abbildung 29: Verteidigungsausgaben und Personalumfang im Zeitvergleich

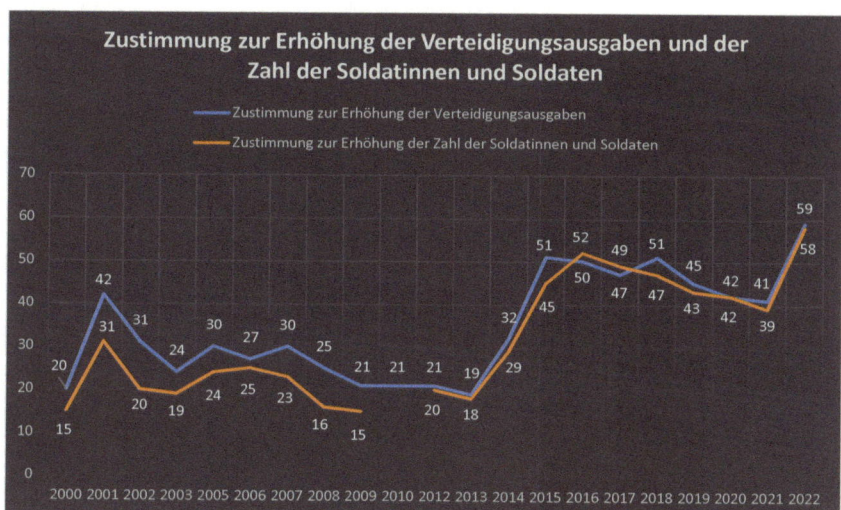

Quelle: Graf (2022, S. 4).

Die Landes- und Bündnisverteidigung besitzt auch bei den Bürgerinnen und Bürgern oberste Priorität. So stoßen Einsätze zur Landes- und Bündnisverteidigung auf eine weitaus größere Akzeptanz als Missionen im Rahmen der internationalen Krisenbewältigung. Insbesondere ist auch die Zustimmung für Maßnahmen zur Stärkung der NATO-Ostflanke deutlich gestiegen (vgl. Graf 2022, S. 6ff.).

Angesichts der aktuellen Bedrohungslage halten 50 Prozent der Befragten die Einführung eines Wehrdienstes im Rahmen einer allgemeinen Dienstpflicht für notwendig. 57 Prozent der Bürgerinnen und Bürger sind überzeugt, dass ein Wehrdienst die Fähigkeit der Bundeswehr zur Landes- und Bündnisverteidigung erhöhen würde. Und 60 Prozent der Bevölkerung erwarten vom Wehrdienst positive Auswirkungen auf die Personalgewinnung (vgl. Abbildung 30). Dabei ist auch die persönliche Verteidigungsbereitschaft gestiegen: 41 Prozent der Befragten – und damit 8 Prozent mehr als 2021 – sind bereit, Deutschland im Falle eines militärischen Angriffes zu verteidigen. Mit 59 Prozent ist die Verteidigungsbereitschaft bei Männern stärker ausgeprägt als bei Frauen (22 Prozent). Am höchsten zeigt sie sich bei Männern zwischen 16 und 29 Jahren (mit 61 Prozent) (vgl. Graf 2022, S. 12).

Abbildung 30: Wehrdienst und Verteidigungsbereitschaft 2022

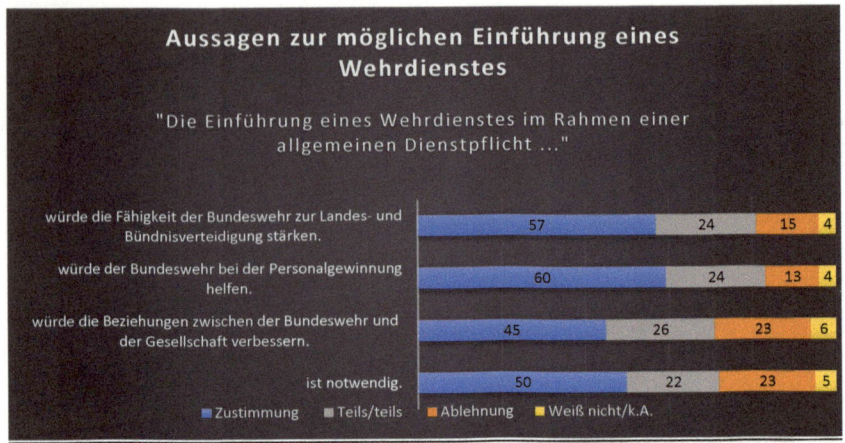

Quelle: Graf (2022, S. 12).

Insgesamt betrachtet zeigt sich, dass die sich zunehmend verschlechternden Beziehungen zu Russland und der Ukrainekrieg das verteidigungspolitische Meinungsbild der Bürgerinnen und Bürgern deutlich prägen. So konstatiert auch Timo Graf (2022, S. 25), dass sich „die Zeitenwende im verteidigungspolitischen Meinungsbild deutlich ab[bildet]" (Graf 2022, S. 25).

7 Europäische Debatten und politische Entscheidungen um die Wiedereinführung der Wehrpflicht

Mit der Wiederkehr der Geopolitik steht nicht nur die Bundeswehr, sondern auch die Streitkräfte der anderen europäischen Staaten vor einem erneuten Paradigmenwechsel. Die europaweit zu konstatierende Refokussierung auf die Landes- und Bündnisverteidigung befördert zugleich Debatten um eine Wiedereinführung der Wehrpflicht. Mittlerweile haben zwei Staaten in Europa die Wehrpflicht nach ihrer Aussetzung wieder eingeführt: Schweden und Litauen. In Lettland liegt ein entsprechender Gesetzentwurf dem Parlament zur endgültigen Abstimmung vor. Und auch in weiteren europäischen Ländern wird um sie gerungen.

7.1 Die Aussetzung und Wiedereinführung der Wehrpflicht in Schweden

In Schweden wurde die Wehrpflicht 2010 ausgesetzt und 2017 – nach nur sieben Jahren – wieder eingeführt. Bis 2010 beinhaltete die schwedische Wehrpflicht fünf Komponenten: (1) die Pflicht zur Musterung, (2) die Pflicht zur Grundausbildung, (3) die Pflicht zu Repetitionsausbildungen (das waren zwei- bis vierwöchige Ausbildungen, zu denen die Wehrpflichtigen im Anschluss an ihre Grundausbildung für den Zeitraum einiger Jahre einberufen werden konnten), (4) die Pflicht zum Bereitschaftsdienst sowie (5) die Pflicht zum Kriegsdienst. Mit dem Zusammenbruch der Sowjetunion und dem Systemwandel 1989/90 zeichnete sich – analog zu Deutschland – auch in Schweden eine Entwicklung in den Streitkräften „weg von der Landes- und Bündnisverteidigung, hin zu einer erhöhten Beteiligung an internationalen Einsätzen" ab (Brüggemeier, Interview vom 28.07.2021). Zum einen entfiel die unmittelbare territoriale Bedrohung: „Wir konnten keine Gefahr eines Krieges in Europa mehr sehen, außer auf dem Balkan" (Bergström, Interview vom 29.07.2021). Dementsprechend wurden der Streitkräfteumfang wie auch die Kosten reduziert:

> „Damals, bis 1994, hatten wir sehr große Streitkräfte, fast 800.000 Soldaten – 20 Prozent aller schwedischen Männer. Dann ist die Mauer gefallen, die Sowjetunion wurde aufgelöst. Diese Riesenarmee, die viel Geld kostete, hatte keinen Nutzen mehr. Schon 1994 hatten wir angefangen,

die Grundausbildung auszusetzen. Jeder Mann wurde zur Musterung eingeladen, aber ein Teil davon wurde nicht zur Grundausbildung eingezogen" (Bergström, Interview vom 29.07.2021).

Zudem konnten auch in Schweden Wehrpflichtige nicht in Auslandseinsätze entsandt werden:

> „Schweden hat sich nur auf internationale Einsätze fokussiert, Peacekeeping und friedensschaffende Missionen. Dafür sind wir auch zusammen mit den USA 2002 nach Afghanistan gegangen. Das konnten die Wehrpflichtigen nicht machen, es war verboten. Damit die Streitkräfte relevant blieben, mussten wir auf Freiwilligkeit setzen" (Bergström, Interview vom 29.07.2021).

Vor diesem Hintergrund setzte Schweden seine Wehrpflicht – bzw. vier seiner fünf Komponenten (mit Ausnahme der Musterung) – 2010 aus.

Mit der russischen Annexion der Krim und der Verschlechterung der sicherheitspolitischen Lage begann Schweden, die Repetitionsausbildungen wieder zu aktivieren. Mit dieser Maßnahme sollte vor allem die Reserve gehalten werden. Denn entsprechend einer Regelung durften diejenigen, die in den letzten zehn Jahren keinen Dienst geleistet haben, nicht mehr eingezogen werden.

> „Wir haben 2010 die Grundausbildung ausgesetzt und hatten in unseren Verbänden Wehrpflichtige, die von 2005 bis 2010 ausgebildet worden waren. Wenn wir 2015 keine Wehrübungen durchgeführt hätten, wären unsere Verbände leer gewesen. Deshalb hat die Regierung diese Wehrübungspflicht erneut aktiviert. [...] Die Situation war also: Die Wehrpflichtigen wurden zu alt, die Freiwilligen waren zu wenige und Russland wurde erneut zur möglichen Bedrohung" (Bergström, Interview vom 29.07.2021)

2017 folgte dann die Wiedereinführung der Wehrpflicht. Diese basierte letztlich auf zwei Erwägungen: Zum einen waren es sicherheitspolitische Gründe. Zum anderen hatten die schwedischen Streitkräfte aber auch Schwierigkeiten, genügend Freiwillige zu rekrutieren:

> „2011 haben wir mit der Rekrutierung von Freiwilligen angefangen. Wir brauchten 4.000 Freiwillige pro Jahr, wir haben aber in einem Jahr nur wenig mehr als 2.000 bekommen, es gab einfach nicht genug" (Bergström, Interview vom 29.07.2021).

7.1 Die Aussetzung und Wiedereinführung der Wehrpflicht in Schweden

„Man hat sich mit der Wiedereinführung der Wehrpflicht auch erhofft, den Pool an möglichen Kandidaten vergrößern zu können, die im Anschluss an die Wehrpflicht in den Streitkräften verbleiben. Personal ist in Schweden durchaus ein Flaschenhals – in Bezug auf den derzeit laufenden Prozess des Wiederaufbaus der schwedischen Streitkräfte" (Brüggemeier, Interview vom 28.07.2021).

Die wiedereingeführte schwedische Wehrpflicht umfasst 12 Monate, sie gilt für Männer und Frauen und sie ist selektiv. Von der Größenordnung her umfasst ein gesamter Jahrgang rund 125.000 Jugendliche und junge Erwachsene, davon werden etwa 15.000 Personen gemustert und von diesen werden ca. 5.000 eingezogen (die Zielgröße 2025 liegt bei jährlich 8.000 Rekrutinnen und Rekruten) (vgl. Brüggemeier, Interview vom 28.07.2021; Bergström, Interview vom 29.07.2021). Dabei basiert die Personalgewinnung auf „einer Kombination aus Pflicht- und Freiwilligendienst" (Deutscher Bundestag 2018, S. 5). So wird versucht, auch bei der Wehrpflicht weitgehend auf Freiwilligkeit zu setzen. Eingezogen werden auch nur diejenigen, die bereits bei der Musterung ihre Bereitschaft zum Ableisten des Wehrdienstes signalisieren. Bisher kann der Bedarf weitgehend aus Freiwilligen gedeckt werden: „Wir haben mehr Leute, die Wehrpflicht ableisten wollen, als wir Stellen für Wehrpflichtige haben" (Bergström, Interview vom 29.07.2021). Gefördert wird dies auch durch entsprechende Vergünstigungen und finanzielle Anreize (vgl. Deutscher Bundestag 2018b, S. 8).

Neben Norwegen[15] ist Schweden das einzige Land in Europa, in dem die Wehrpflicht auch für Frauen gilt. Sie ist ein Spiegel der gesellschaftlichen Verfasstheit. So ist das Prinzip der Gleichberechtigung in der schwedischen Gesellschaft stark verankert:

> „Der Hauptgrund ist, dass Schweden ein zutiefst in der DNA angelegtes Gleichstellungsprinzip verfolgt. Eine Wiedereinführung der Wehrpflicht, die dieses nicht berücksichtigt, hätte sicherlich überhaupt keine Akzeptanz. Es arbeiten hier in Schweden ohnehin Frauen und Männer zu gleichen Teilen, mit sehr viel Elternzeit, die von Männern genommen wird, und ähnliches. Von daher ist es kein wirkliches Thema. Es wäre ein Thema gewesen, wenn es nicht gleichberechtigt wiedereingeführt worden wäre" (Brüggemeier, Interview vom 28.07.2021).

---

15 Norwegen hat zum 1. Januar 2015 die Wehrpflicht für Frauen eingeführt. Damit sollen die Kompetenzen von Frauen mit einbezogen und die Auswahlmöglichkeiten für die Streitkräfte verbessert werden.

7 Debatten und politische Entscheidungen um die Wiedereinführung der Wehrpflicht

Insgesamt betrachtet fällt das Fazit der Wiedereinführung der Wehrpflicht – die auf einer breiten parlamentarischen Mehrheit beruhte – sehr positiv aus: „Die Akzeptanz ist hervorragend und bisher kann man die Wiedereinführung der Wehrpflicht in Schweden nur als sehr gelungen und sehr weit fortgeschritten bezeichnen" (Brüggemeier, Interview vom 28.07.2021).[16]

7.2 Die Aussetzung und Wiedereinführung der Wehrpflicht in Litauen

Litauen hat 2008 seine Wehrpflicht ausgesetzt und 2015 – d.h. ebenfalls nach nur sieben Jahren – wieder eingeführt. Die Argumentationslinien sind weitgehend vergleichbar. Hauptgründe für die Aussetzung der Wehrpflicht waren auch hier die fehlende territoriale Bedrohung sowie die Ausrichtung der Streitkräfte auf internationale Einsätze. Letzteres schloss auch in Litauen die Möglichkeit aus, Wehrpflichtige ins Ausland zu entsenden.

> „The main reason was at that time, Russia was different then today, that there was no feeling of threat, and all NATO forces were expeditionary forces in Afghanistan, the Balkans and other outer area operations. You cannot use conscripts for that" (Urbelis, Interview vom 03.09.2021).

Die Wiedereinführung der Wehrpflicht 2015 steht auch hier in einem unmittelbaren Zusammenhang mit der russischen Annexion der Krim und dem Krieg in der Ostukraine:

> „So that time was a good momentum because people understood that threats still exist next to our borders and that was the main motivation for politicians to change their mind especially in the left side. [...] That helped a lot to adopt necessary laws" (Juknevičienė, Interview vom 30.06.2021).

> „So, we quit and of course we came back to conscription immediately after the Russian aggression against Ukraine. That happened in 2014. That was February, I believe. And then we came back to conscription pretty soon. [...] And the decision was made in more or less one day. The President demanded it, the Chief of Defense supported it, and all politicians said: 'If the situation is like that, we must do this'" (Urbelis, Interview vom 03.09.2021).

---

16 Vgl. auch die Interviews mit Vertreterinnen und Vertretern des schwedischen Parlaments: Hanna Gunnarsson, Pál Jonson und Niklas Karlsson.

7.2 Die Aussetzung und Wiedereinführung der Wehrpflicht in Litauen

Dieses sicherheitspolitische Momentum wiegt in Litauen schwer:

„Because at Soviet times a lot of Lithuanians were in Crimea, and they know the people's situation and understand that the situation in Ukraine is similar to Lithuania" (Rakutis, Interview vom 27.07.2021).

Mit der Refokussierung auf die Landesverteidigung galt es, den Streitkräfteumfang wieder deutlich zu erhöhen: von 7.000 – 8.000 Soldatinnen und Soldaten zu Zeiten der Freiwilligenarmee auf bis zu 20.000 Soldatinnen und Soldaten (vgl. Urbelis, Interview vom 03.09.2021). Dabei dient die Wiedereinführung der Wehrpflicht drei wesentlichen Zielen:

„Conscription helps to recruit new personnel to the professional military service; it provides sufficient numbers of reserve; it builds stronger relations with society" (Rimkus, Interview vom 11.10.2021; vgl. auch Juknevičiené, Interview vom 30.06.2021).

Letzteres bezieht sich auch auf einen notwendigen Mentalitätswandel in der Bevölkerung: „They learn to understand what it means to defend the country they live in and why they have to be ready to defend it" (Juknevičiené, Interview vom 30.06.2021).

Die Wehrpflicht in Litauen umfasst einen Wehrdienst von neun Monaten und ist – ähnlich wie in Schweden – selektiv. Auch hier basiert die Personalgewinnung auf einer Kombination aus Pflicht- und Freiwilligendienst. D.h. die Litauer können sich freiwillig zum Wehrdienst melden; die fehlenden Rekruten werden dann über ein Losverfahren einberufen. Bislang meldet sich ein Großteil der Wehrpflichtigen freiwillig: „The majority of conscripts sign up for service voluntarily" (Rimkus, Interview vom 11.10.2021). Gefördert wird dies auch durch entsprechende Vergünstigungen und finanzielle Anreize:

„Die Freiwilligenmeldungen sind ausreichend, um die Reihen in jedem Jahrgang zu füllen. Und der Anreiz dazu ist, dass die Wehrpflichtigen, die sich vor Einzugstermin selbst freiwillig gemeldet haben, mehr Benefits erhalten. Das beginnt damit, dass sie mehr Geld erhalten, dass sie mehr Unterstützung für alle Sozialleistungen bekommen, auch gesundheitliche Benefits und eine Housing Allowance sowie Unterstützung für Fahrtkosten gezahlt werden. Sie bekommen also einfach ein besseres Paket, welches ein zusätzlicher Trigger ist, so dass die Freiwilligenmeldungen ausreichen und sie gar keinen gegen den Willen einziehen müssen" (Bellini, Interview vom 14.07.2021).

7 Debatten und politische Entscheidungen um die Wiedereinführung der Wehrpflicht

Es gibt allerdings einen zentralen Unterschied zwischen der Ausgestaltung der Wiedereinführung der Wehrpflicht in Schweden und Litauen: Während in Schweden die Wehrpflicht geschlechterneutral für Männer und Frauen gilt, werden in Litauen nur Männer verpflichtend einberufen. Die ehemalige litauische Verteidigungsministerin Rasa Juknevičienė sieht darin vor allem gesellschaftliche Hindernisse:

> „It is for traditional reasons. In Lithuania there is not yet a new generation as it is the case in Sweden and Norway where young women were applying and asking to change the laws regarding them. In countries like Sweden and Norway there is a different attitude in the society on equal rights on both sides. That is not yet the case in Lithuania. But we have discussions on that, and I think in the future we will be able to change our laws and we will have the same conscription for men and women" (Juknevičienė, Interview vom 30.06.2021).[17]

Insgesamt betrachtet lässt sich auch in Litauen eine hohe politische und gesellschaftliche Akzeptanz hinsichtlich der Wiedereinführung der Wehrpflicht konstatieren. Politisch wird gegenwärtig sogar über eine allgemeine Wehrpflicht diskutiert: „The current government wants to consider by 2030 to achieve a full draft: 100 percent" (Bileišis, Interview vom 21.08.2021).

7.3 Pläne der Wiedereinführung der Wehrpflicht in Lettland

Lettland hat 2007 seine Wehrpflicht abgeschafft. Seitdem bestehen die lettischen Streitkräfte aus freiwilligen Soldatinnen und Soldaten: ca. 6.500 aktiven Soldatinnen und Soldaten, 3.000 Reservistinnen und Reservisten sowie 8.200 Nationalgardisten (vgl. Bongartz 2022a). In Reaktion auf die russische Aggression in der Ukraine plant nun auch Lettland die Wiedereinführung der Wehrpflicht. Diese Initiative geht wesentlich auf den lettischen Verteidigungsminister Artis Pabriks zurück:

> „Es gibt keinen Grund zu hoffen, dass Russlands sich in den nächsten Jahren von seinen imperialen Ambitionen verabschiedet. Die Ukraine kämpft derzeit auch für uns. Die Ukraine verschafft uns Zeit, welche man effektiv nutzen muss, um sich vorzubereiten. Deshalb haben wir

---

17 Vgl. auch Vytautas Grigauskas: „We do not think our society is fully prepared for that. The Scandinavian countries have better living conditions and more developed infrastructure" (Interview vom 09.09.2021).

den Beschluss gefasst, sich nicht mehr nur auf eine Berufsarmee und die Nationalgarde zu verlassen, sondern auch einen staatlichen Verteidigungsdienst zu schaffen" (Pabriks im Juli 2022, zit. nach Bongartz 2022a).

Die Wiedereinführung der Wehrpflicht begründet Pabriks auch staatsphilosophisch mit einem notwendig werdenden „neuen Gesellschaftsvertrag zwischen den Bürgern einerseits und dem Staat, der Nation, andererseits", um Bürgerrechte und Freiheiten weiterhin zu garantieren (zit. nach Bongartz 2022a). Geplant ist, jeweils im Januar und im Juli Männer zwischen 18 und 27 Jahren für einen Wehrdienst einzuberufen. Als Vorbild dient ihm die finnische Abwehrbereitschaft:

„Die lettische Gesellschaft muss ihre Denkweise ändern und akzeptieren, dass der Dienst in der staatlichen Armee eine Ehrensache und für jeden eine Verpflichtung darstellt, wie es beispielsweise in Finnland der Fall ist – aber keine Strafe" (Pabriks, zit. nach Bongartz 2022a).

Mit der Wiedereinführung der Wehrpflicht soll insbesondere der Personalmangel behoben werden. So befinde sich die Bewerberzahl nicht nur auf einem niedrigen Niveau, sondern sei auch rückläufig. Sandris Gaugers, ein lettischer Kommandeur, argumentiert mit dem Krieg in der Ukraine:

„Der Krieg in der Ukraine verängstigt die Bevölkerung und das ist vermutlich einer der wichtigsten Gründe, weshalb derzeit die Bewerberzahl für die Berufsarmee viel geringer ist als in den Jahren zuvor" (Gaugers, zit. nach Bongartz 2022b).

Im Herbst 2022 legte der Verteidigungsminister den Gesetzesentwurf seines Hauses zur Wiedereinführung der Wehrpflicht dem Parlament zur Abstimmung vor. Am 20. Oktober 2022 stimmte jedoch die Mehrheit der Abgeordneten für die Vertagung. In der Kritik standen „zahlreiche Mängel" am Gesetzentwurf, die zunächst zu beheben seien (vgl. Bongartz 2022b). Nach verschiedenen Änderungen unterstützte dann das Parlament in zweiter Lesung am 16. Februar 2023 die Einrichtung eines verpflichtenden Landesverteidigungsdienstes für Männer (77 Stimmen dafür, 11 Stimmen dagegen). Die erste Einberufung ist für den 1. Juli 2023 geplant. Zugleich wird ein ziviler Ersatzdienst eingerichtet. Bürgerinnen und Bürger, die sich freiwillig für den Dienst bewerben, sollen vorrangig einberufen werden. Damit die

7 Debatten und politische Entscheidungen um die Wiedereinführung der Wehrpflicht

Wehrpflicht in Kraft treten kann, muss der Gesetzesentwurf noch in dritter – endgültiger – Lesung verabschiedet werden.[18]

Innergesellschaftlich ist die Wiedereinführung der Wehrpflicht nicht unumstritten. So gibt es eine Petition „für den freiwilligen nationalen Verteidigungsdienst" vom 30. November 2022[19], die bislang knapp 13.000 Bürgerinnen und Bürger unterzeichnet haben. Danach sei die Wehrpflicht eine unverhältnismäßige Einschränkung der Freiheit der Bürger; vielmehr müsse das Prestige des Dienstes erhöht werden, beispielsweise durch attraktivere Bedingungen (vgl. auch Bongartz 2022b).

7.4 Weitere Debatten um eine Wiedereinführung der Wehrpflicht in europäischen Staaten

Auch in anderen europäischen Staaten finden seit 2014 verstärkt Debatten um eine Wiedereinführung der Wehrpflicht statt. Diese sind vor allem der neuen sicherheitspolitischen Lage wie dem in fast allen Ländern bestehenden Personalmangel geschuldet. Aber auch alternative Dienste sind in der Diskussion, Umsetzung bzw. Erprobungsphase.

Dänemark gehört zu den wenigen Ländern in Europa, die die Wehrpflicht nach 1990 nicht aufgegeben haben. Jetzt kristallisiert sich eine Mehrheit auch für die Einführung der Wehrpflicht für Frauen heraus. Mit der jüngsten Ankündigung der Sozialdemokraten im Januar 2023 befürwortet die gesamte Regierung (Sozialdemokraten, liberal-konservative Venstre und Moderaten) diesen Schritt. So sei – neben Aspekten von Diversität und Gleichberechtigung – eine breite Rekrutierungsbasis eine wesentliche Voraussetzung für eine starke Verteidigung.[20] Als Reaktion auf den Einmarsch Russlands in die Ukraine hat das dänische Parlament auch dem umstrittenen Gesetzentwurf zugestimmt, einen Feiertag abzuschaffen, um höhere

---

18 Vgl. https://www.lsm.lv/raksts/zinas/latvija/konceptuali-atbalsta-obligato-aizsardzibas-dienestu-arzemes-dzivojosos-iesauktu-no-2028-gada.a496681/. Zugegriffen: 6. März 2023.

19 Vgl. https:// manabalss.lv/par-brivpratigu-valsts-aizsardzibas-dienestu/show. Zugegriffen: 22. Dezember 2022.

20 Vgl. https://www.dr.dk/nyheder/politik/nu-er-der-flertal-vaernepligt-socialdemokratiet-vil-ogsaa-have-flere-kvinder-i. Zugegriffen: 6. März 2023.

7.4 Weitere Debatten um eine Wiedereinführung der Wehrpflicht in europäischen Staaten

Militärausgaben finanzieren und das Zwei-Prozent-Ziel der NATO vorzeitig erfüllen zu können.[21]

In *Frankreich* wurde die Wehrpflicht 1997 durch den damaligen Präsidenten Jacques Chirac ausgesetzt. Diese Entscheidung war nicht unumstritten, galt die *levée en masse* als Inbegriff der politisch-militärischen Kultur Frankreichs. Vor diesem Hintergrund wird gerade in Wahlkampfzeiten häufig über eine Wiedereinführung der Wehrpflicht debattiert. Auch Emmanuel Macron versprach im Falle seiner Wahl zum Präsidenten „die Wiedereinführung einer Art Wehrpflicht für alle Jugendlichen" (Balmer 2018).[22] Dieses Wahlversprechen hat Macron eingelöst: Im Juni 2018 wurde der *Sevice National Universel* (SNU) eingerichtet – keine traditionelle Wehrpflicht, sondern ein Dienst, der „eine gemeinnützige Tätigkeit mit einer militärischen Einweisung verbindet" (Bellais 2020). Dieser einmonatige Dienst, der in den nächsten Jahren für alle verpflichtend werden soll, beinhaltet zwei Abschnitte: Der erste Teil erfolgt in einer Gemeinschaftseinrichtung (z.B. in einer Schule, Kaserne oder Ferienzentrum); dort erhalten die Jugendlichen eine zivile sowie eine militärische Einweisung. Im zweiten Abschnitt leisten sie eine gemeinnützige Arbeit in einer sozialen Einrichtung, einem Verein, einer öffentlichen Institution oder auch in den Streitkräften. Darüber hinaus können sich die Jugendlichen freiwillig um weitere drei Monate verpflichten. Ziel ist es, das soziale Engagement zu fördern. Zugleich sollen die Jugendlichen aber auch einen Einblick in die Streitkräfte erhalten bzw. für sicherheitspolitische Herausforderungen sensibilisiert werden:

> „Der SNU ist kein Ersatz für die Wehrpflicht, sondern eine neue Art der Interaktion zwischen Bevölkerung und Armee, die bei den Bürger_innen zum einen ein Bewusstsein für Wehrbereitschaft schaffen bzw. verstärken soll (Sensibilität für bestehende Herausforderungen, Befähigung zur Krisenresistenz), zum anderen aber auch das Interesse bei jungen Menschen wecken soll, im Laufe ihres Berufslebens in die Armee einzutreten" (Bellais 2020, S. 3).

In *Belgien* hat Admiral Michel Hofmann, Stabschef der Armee, die Debatte um eine Wiedereinführung der Wehrpflicht angestoßen. So gebe es „einen möglichen Bedarf, sich auf dem Territorium der NATO oder in Europa ver-

---

21 Vgl. https://www.zdf.de/nachrichten/politik/daenemark-feiertag-abschaffung-militaerausgaben-100.html. Zugegriffen: 6. März 2023.
22 Bereits 2015 wurde ein freiwilliger Wehrdienst eingeführt.

teidigen zu müssen, der die Notwendigkeit rechtfertigen könnte, Menschen einzuziehen" (zit. nach dem BRF vom 01.10.2022).[23] Seitens der Politik – und insbesondere von der belgischen Verteidigungsministerin Ludivine Dedonder – wurde dieser Vorschlag jedoch umgehend zurückgewiesen.

Der Vorschlag des belgischen Armeechefs wurde auch in den *Niederlanden* diskutiert. Daraufhin betonte Renske Piet, die Sprecherin des Staatssekretärs Van der Maat, dass die Niederlande keine Pläne habe, die allgemeine Wehrpflicht zu aktivieren.[24] Eine realistischere Option könne dagegen – so das Verteidigungsministerium – das Modell nach skandinavischem Vorbild sein.[25] Seit April 2022 läuft eine entsprechende Studie im Verteidigungsministerium. Hintergrund ist dabei auch der Personalmangel; so sei ein Viertel der militärischen Stellen derzeit unbesetzt.[26] Einen erneuten Vorstoß in Richtung Wiedereinführung der Wehrpflicht unternahm Anfang Februar 2023 der niederländische Außenminister Wopke Bastiaan Hoekstra.[27]

Im Lichte der von Putin betriebenen Revisionspolitik einschließlich der damit verbundenen konkreten Bedrohungen verabschiedete *Polen* im März 2022 ein neues Verteidigungsgesetz. Hauptziel ist es, den Umfang der polnischen Streitkräfte langfristig von 110.000 auf 250.000 Soldatinnen und Soldaten zu verdoppeln; zudem sollen die Heimatschützer von 30.000 auf 50.000 aufgestockt werden (vgl. Baysen 2022, S. 4). „Das polnische Militär muss zahlenstärker werden, um einen Aggressor wirklich abzuschrecken" – so der polnische Verteidigungsminister Mariusz Blaszczak.[28] Vor diesem Hintergrund hat Polen im Frühjahr 2022 einen einjährigen freiwilligen Wehrdienst eingeführt. Dieser ist mit 1.000 Euro monatlich auch finanzi-

---

23 hppts://brf.be/national/1648539/. Zugegriffen: 22. Dezember 2022.
24 Vgl. https:///www.ad.nl/binnenland/topman-belgisch-leger-wil-militaire-dienstplicht-om-dreiging-poetin-nederland-ziet-dat-niet-zitten~aeee5cb0/. Zugegriffen: 22. Dezember 2022.
25 Vgl. https:///www.ad.nl/binnenland/topman-belgisch-leger-wil-militaire-dienstplicht-om-dreiging-poetin-nederland-ziet-dat-niet-zitten~aeee5cb0/. Zugegriffen: 22. Dezember 2022.
26 Vgl. https://de.euronews.com/my-europe/2022/07/27/welche-lander-in-europa-wollen-wieder-eine-wehrpflicht-einfuhren. Zugegriffen: 22. Dezember 2022.
27 Vgl. https:// eenvandaag.avrotros.nl/item/dienstplicht-herinvoeren-of-niet-dit-zijn-de-voor-en-tegenargumenten-volgens-experts/. Zugegriffen: 6. März 2023.
28 Zit. nach https://www.tagesspiegel.de/politik/aufrustung-waffenlieferungen-burger training-polens-plotzlicher-aufstieg-zur-europaischen-militarmacht-8824597.html. Zugegriffen: 22. Dezember 2022.

7.4 Weitere Debatten um eine Wiedereinführung der Wehrpflicht in europäischen Staaten

ell attraktiv.[29] Die öffentliche Resonanz war überaus positiv: Allein 2022 haben sich ca. 13.000 Interessenten beworben.[30] Zudem bietet Polen einen eintägigen freiwilligen Schnupperkurs in den Streitkräften an („Trainiere mit dem Militär!"). Dort können Frauen und Männer zwischen 18 und 65 Jahren „den Umgang mit Waffen [lernen] und wichtige ‚Grundkenntnisse, wie ein Feuer zu machen oder verunreinigtes Wasser aufzubereiten'".[31] Generell lässt sich in der polnischen Bevölkerung eine hohe Verteidigungsbereitschaft erkennen. Entsprechend einer Repräsentativbefragung des Meinungsforschungsinstituts CBOS befürworten mittlerweile 54 Prozent eine Wiedereinführung der Wehrpflicht. Außerdem sprachen sich 78 Prozent der Befragten für militärische Schulungen für Zivilisten aus.[32] Dennoch: Die Politik setzt auf Freiwilligkeit und schließt derzeit eine Wiedereinführung der Wehrpflicht aus.[33]

Auch in *Tschechien* gibt es immer wieder kontroverse Debatten um eine Wiedereinführung der Wehrpflicht. Bereits 2015 hat das Land angesichts der sich verschlechternden Sicherheitslage in Europa Musterungen auf freiwilliger Basis eingeführt. Von den ursprünglich geplanten verpflichtenden Musterungen zur Registrierung rückte die Regierung angesichts heftiger öffentlicher Kritik wieder ab. Während das Ziel war, besser auf potenzielle Krisensituationen vorbereitet zu sein, beanstandeten Kritiker dagegen den Verwaltungsaufwand einer solchen Lösung (ohne Wehrdienst) und sprachen von „Soldaten auf dem Papier".[34] Seit 2016 gibt es in Tschechien einen freiwilligen Wehrdienst.[35]

In *Ungarn* gab es in den letzten Jahren lediglich vereinzelt Diskussionen über eine Wiedereinführung der Wehrpflicht. Beispielsweise fand 2016 eine

---

29 Vgl. https://de.euronews.com/my-europe/2022/07/27/welche-lander-in-europa-wollen-wieder-eine-wehrpflicht-einfuhren. Zugegriffen: 22. Dezember 2022.
30 Vgl. https://www.mdr.de/nachrichten/welt/osteuropa/politik/armee-setzt-auf-freiwillige-100.html. Zugegriffen: 22. Dezember 2022.
31 https://www.mdr.de/nachrichten/welt/osteuropa/politik/armee-setzt-auf-freiwillige-100.html. Zugegriffen: 22. Dezember 2022.
32 Vgl. https://www.merkur.de/politik/polen-haelfte-wehrpflicht-91717064.html. Zugegriffen: 22. Dezember 2022.
33 Vgl. https://www.polskieradio.pl/400/7764/artykul/3024932,verteidigungsminister-wiedereinf%C3%BChrung-der-wehrpflicht-ist-ausgeschlossen. Zugegriffen: 22. Dezember 2022.
34 Vgl. https://www.derstandard.at/story/2000029042878/tschechien-erwaegt-rueckkehr-zur-wehrpflicht. Zugegriffen: 22. Dezember 2022.
35 Vgl. https://www.n-tv.de/ticker/Tschechien-fuehrt-freiwilligen-Wehrdienst-ein-article16760131.html. Zugegriffen: 22. Dezember 2022.

Debatte im Parlament statt, angestoßen vom Parlamentspräsidenten Lázló Kövér. Ministerpräsident Viktor Orbán beendete diese Debatte umgehend mit dem Statement, dass die Regierung keinerlei Pläne habe, die Wehrpflicht wieder einzuführen.[36] Ähnlich verlief der Vorstoß der Historikerin und ehemaligen Beraterin von Orbán, Maria Schmidt, vom Mai 2022, die Wiedereinführung der allgemeinen Wehrpflicht – für Männer und Frauen – angesichts des Krieges in Europa und an den Grenzen Ungarns zu überdenken.[37] Das Verteidigungsministerium lehnte diesen Vorschlag rigoros ab, und auch der designierte Verteidigungsminister Kristóf Szalay-Bobrovniczky konstatierte: „Gegenwärtig gibt es in Ungarn keine Wehrpflicht, und das wird auch so bleiben."[38]

Bulgarien hat 2008 die Wehrpflicht abgeschafft. Seitdem herrscht in den bulgarischen Streitkräften massiver Personalmangel. Die unzureichende Finanzierung des Militärs habe dazu geführt, dass lediglich 25-30 Prozent der Stellen besetzt sei (Stand 2018). So schlug der Verteidigungsminister Krassimir Karakatschanow 2018 als einen ersten Schritt die Einführung eines freiwilligen Wehrdienstes vor. Letztlich könne aber das Problem des Personalmangels – so der bulgarische Verteidigungsminister – nicht gelöst werden, ohne die allgemeine Wehrpflicht wieder einzuführen. Dabei schlägt er vor, das Schweizer Milizmodell zum Vorbild zu nehmen.[39]

Rumänien schließt die Wiedereinführung der Wehrpflicht aus. Allerdings legte das Verteidigungsministerium im Juli 2022 einen Gesetzentwurf zur Änderung des Rekrutierungsgesetzes vor. Danach seien alle im Ausland lebende rumänische Staatsbürger verpflichtet, im Falle der Mobilisierung oder des Kriegszustandes innerhalb von 15 Tagen nach Rumänien zurückzukehren, um sich einziehen zu lassen.[40]

---

36 Vgl. https://4liberty.eu/compulsory-military-service-in-hungary-a-political-skirmish/. Zugegriffen: 22. Dezember 2022.
37 Vgl. https://ungarnheute.hu/news/historikerin-maria-schmidt-einfuehrung-einer-allgemeinen-wehrpflicht-sollte-in-betracht-gezogen-werden-auch-fuer-frauen-86910/. Zugegriffen: 22. Dezember 2022.
38 Zit. nach https://ungarnheute.hu/news/zukuenftiger-verteidigungsminister-ungarn-muss-seine-verteidigungskapazitaeten-weiter-ausbauen-34694/. Zugegriffen: 22. Dezember 2022.
39 Vgl. https://bnr.bg/de/post/100924620/verteidigungsminister-karakatschanow-militardienst-erzieht-die-jugend-zu-patriotismus. Zugegriffen: 22. Dezember 2022.
40 Vgl. https://observatornews.ro/eveniment/mapn-schimba-legea-recrutarii-in-armata-in-caz-de-razboi-romanii-din-afara-trebuie-sa-vina-in-tara-in-15-zile-479122.html. Zugegriffen: 22. Dezember 2022.

7.4 Weitere Debatten um eine Wiedereinführung der Wehrpflicht in europäischen Staaten

In *Slowenien* hatten sich die Parteien der Regierungskoalition 2021 zu einer schrittweisen Einführung der Wehrpflicht mit einem sechsmonatigen Wehrdienst bekannt. Diese Pläne wurden jedoch von der Nationalversammlung abgelehnt.[41]

Auch in *Kroatien* gibt es kontroverse Debatten um eine Wiedereinführung der Wehrpflicht. So erwägt der Verteidigungsminister Mario Banožić, die Wehrpflicht wieder einzuführen. „Er sei zwar sicher, es sei der richtige Schritt, er habe aber das Gefühl, dass sich die kroatische Gesellschaft noch viel mit diesem Thema auseinandersetzen müsse" – so zitiert ihn das kroatische Radio im Mai 2021.[42] Notwendig sei dies für die Sicherheit und Stabilität des Landes.

Allein in Spanien, Portugal und Italien scheint es, diesbezüglich keinerlei größere Debatten zu geben.

---

41 Vgl. https://obljubadeladolg.si/vse-obljube/uvajanje-naborni%C5%A1kega-sistema/. Zugegriffen: 22. Dezember 2022.
42 Vgl. https://total-croatia-news.com/politics/53301-defence-minister-mario-banozic-reintroducing-conscription-being-considered. Zugegriffen: 22. Dezember 2022.

8 Fazit – Plädoyer für die Einführung einer selektiven Wehrpflicht

Deutschland hat lange an der Wehrpflicht festgehalten und gehörte zu den letzten Ländern in Europa, die diese ausgesetzt und sich für eine Freiwilligenarmee entschieden haben. Der Übergang zur ausschließlich freiwilligen Form der Rekrutierung erfolgte ohne größere Probleme. Dazu trug sicherlich auch der nur noch geringe Wehrpflichtanteil in der Bundeswehr bei.

Inzwischen haben sich die Konstellationen, die zu diesem Wandel führten (wie der Wegfall der unmittelbaren territorialen Bedrohung oder auch der Fokus auf internationales Krisenmanagement), angesichts des russischen Angriffs auf die Ukraine erneut verändert – nicht nur graduell, sondern radikal. Das gilt nicht nur für Deutschland, sondern europaweit. Mit der Refokussierung auf die Landes- und Bündnisverteidigung gehen wieder größere Streitkräfteumfänge wie auch die Notwendigkeit eines umfassenden Pools von Reservekräften einher. Zugleich sind Freiwilligenstreitkräfte in der Personalgewinnung gefordert. Das betrifft die generelle Konkurrenz auf dem Arbeitsmarkt; aber auch die aktuelle sicherheitspolitische Situation stellt für die Rekrutierung eine Herausforderung dar. Während für die einen die Landes- und Bündnisverteidigung explizite Motivation sein mag, sich bei der Bundeswehr zu bewerben, werden sich andere aber auch davon abschrecken lassen. Auf Letzteres deuten die steigenden Kriegsdienstverweigerungen hin.

So sind – nicht nur in Deutschland, sondern in vielen europäischen Staaten – Debatten darüber entfacht, wie sich die aktuellen Herausforderungen, vor allem Fragen der Personalgewinnung angesichts wieder größer werdender Streitkräfte sowie der Aufstellung einer umfassenden Reserve, am besten lösen lassen. Mit der Stärkung der Heimatschutzkomponente, dem Pilotprojekt „Dein Jahr für Deutschland" und der entsprechenden öffentlichen Werbung sowie der Einführung der Grundbeorderung hat die Bundeswehr wichtige und notwendige Schritte unternommen. Dennoch bleibt die Personalgewinnung ein stetes Ringen auf niedrigem Niveau. Damit besteht – insbesondere, wenn die Streitkräfte zahlenmäßig weiter anwachsen müssten – die Gefahr, nicht mehr genügend geeignetes Personal rekrutieren zu können.

8 Fazit – Plädoyer für die Einführung einer selektiven Wehrpflicht

Vor dem Hintergrund der Diskussionen und Entwicklungen auch in anderen europäischen Ländern ist zu überdenken, ob die Wiedereinführung der Wehrpflicht – nicht der allgemeinen, aber einer selektiven Wehrpflicht nach skandinavischem Vorbild – eine mögliche Option wäre. Hier ließe sich bei der Wehrpflicht weitgehend auf Freiwilligkeit setzen; verpflichtend rekrutiert würden nur die noch unbesetzten Dienstposten. Dabei könnte bereits bei der Musterung die prinzipielle Bereitschaft zur Ableistung eines Wehrdienstes eruiert werden. Die Wehrpflicht würde dann – ähnlich wie in Schweden und Norwegen – für Frauen und Männer gelten. Das Pilotprojekt im Heimatschutz könnte von seiner Ausgestaltung her – einschließlich seiner finanziellen Anreize (zur Förderung der gesellschaftlichen Akzeptanz) – ein solches Modell darstellen. D.h. nach wie vor würden nur Zeit- und Berufssoldatinnen und -soldaten in das Ausland entsendet werden, während Wehrdienstleistende ausschließlich im Inland im Bereich des Heimatschutzes eingesetzt würden. Mit einer (selektiven) Wehrpflicht ließen sich angesichts der gegenwärtigen Bedrohungslage vier Ziele befördern: Sie könnte (1) die Landesverteidigung verstärken (Sicherung der kritischen Infrastruktur etc.), (2) einen Beitrag zur Personalgewinnung leisten, (3) zum Aufbau einer umfassenden Reserve beitragen und (4) als ein flexibles Rekrutierungsinstrument schnell auf mögliche Krisensituationen reagieren. Letztlich – und das zeigen die jüngsten Bevölkerungsumfragen, auch wenn diese eher die allgemeine Dienstpflicht im Blick haben – wäre die Mehrheit der Bevölkerung einer Wehrpflicht gegenüber aufgeschlossen.

Durchgeführte Interviews

Interviews mit Vertreterinnen und Vertretern der Karrierecenter der Bundeswehr[43]

- Interview 1, Karrierecenter Düsseldorf, geführt am 07.12.2021.
- Interview 2, Karrierecenter Düsseldorf, geführt am 07.12.2021.
- Interview 3, Karrierecenter Düsseldorf, geführt am 07.12.2021.
- Interview 4, Karrierecenter Düsseldorf, geführt am 07.12.2021.
- Interview 5, Karrierecenter Düsseldorf, geführt am 07.12.2021.
- Interview 6, Karrierecenter Düsseldorf, geführt am 07.12.2021.
- Interview 7, Karrierecenter Hannover, geführt am 15.12.2021.
- Interview 8, Karrierecenter Düsseldorf, geführt am 07.12.2021.
- Interview 9, Karrierecenter Düsseldorf, geführt am 07.12.2021.
- Interview 10, Karrierecenter Düsseldorf, geführt am 07.12.2021.
- Interview 11, Karrierecenter Stuttgart, geführt am 13.12.2021.
- Interview 12, Karrierecenter Stuttgart, geführt am 13.12.2021.

Interviews im Rahmen des Pilotprojektes „Dein Jahr für Deutschland"

- Interview 13, Standort Berlin, Ausbilder/in, geführt am 07.10.2021.
- Interview 14, Standort Berlin, Ausbilder/in, geführt am 07.10.2021.
- Interview 15, Standort Berlin, Ausbilder/in, geführt am 07.10.2021.
- Interview 16, Standort Berlin, Ausbilder/in, geführt am 07.10.2021.
- Interview 17, Standort Berlin, Rekrut/in, geführt am 07.10.2021.
- Interview 18, Standort Berlin, Rekrut/in, geführt am 07.10.2021.
- Interview 19, Standort Berlin, Rekrut/in, geführt am 07.10.2021.
- Interview 20, Standort Berlin, Rekrut/in, geführt am 07.10.2021.
- Interview 21, Standort Berlin, Rekrut/in, geführt am 07.10.2021.
- Interview 22, Standort Berlin, Rekrut/in, geführt am 07.10.2021.
- Interview 23, Standort Berlin, Rekrut/in, geführt am 07.10.2021.
- Interview 24, Standort Berlin, Rekrut/in, geführt am 07.10.2021.
- Interview 25, Standort Berlin, Rekrut/in, geführt am 07.10.2021.
- Interview 26, Standort Berlin, Rekrut/in, geführt am 07.10.2021.

---

43 Die Interviews in den Karrierecentern der Bundeswehr sind anonymisiert.

Durchgeführte Interviews

- Interview 27, Standort Berlin, Rekrut/in, geführt am 07.10.2021.
- Interview 28, Standort Berlin, Rekrut/in, geführt am 07.10.2021.
- Interview 29, Standort Berlin, Rekrut/in, geführt am 07.10.2021.
- Interview 30, Standort Berlin, Rekrut/in, geführt am 07.10.2021.
- Interview 31, Standort Berlin, Rekrut/in, geführt am 07.10.2021.
- Interview 32, Standort Berlin, Rekrut/in, geführt am 07.10.2021.
- Interview 33, Standort Delmenhorst, Ausbilder/in, geführt am 11.11.2021.
- Interview 34, Standort Delmenhorst, Ausbilder/in, geführt am 11.11.2021.
- Interview 35, Standort Delmenhorst, Ausbilder/in, geführt am 11.11.2021.
- Interview 36, Standort Delmenhorst, Ausbilder/in, geführt am 11.11.2021.
- Interview 37, Standort Delmenhorst, Ausbilder/in, geführt am 11.11.2021.
- Interview 38, Standort Delmenhorst, Ausbilder/in, geführt am 11.11.2021.
- Interview 39, Standort Delmenhorst, Ausbilder/in, geführt am 11.11.2021.
- Interview 40, Standort Delmenhorst, Ausbilder/in, geführt am 11.11.2021.
- Interview 41, Standort Delmenhorst, Rekrut/in, geführt am 11.11.2021.
- Interview 42, Standort Delmenhorst, Rekrut/in, geführt am 10.11.2021.
- Interview 43, Standort Delmenhorst, Rekrut/in, geführt am 11.11.2021.
- Interview 44, Standort Delmenhorst, Rekrut/in, geführt am 11.11.2021.
- Interview 45, Standort Delmenhorst, Rekrut/in, geführt am 10.11.2021.
- Interview 46, Standort Delmenhorst, Rekrut/in, geführt am 11.11.2021.
- Interview 47, Standort Delmenhorst, Rekrut/in, geführt am 11.11.2021.
- Interview 48, Standort Delmenhorst, Rekrut/in, geführt am 10.11.2021.
- Interview 49, Standort Delmenhorst, Rekrut/in, geführt am 11.11.2021.
- Interview 50, Standort Delmenhorst, Rekrut/in, geführt am 11.11.2021.
- Interview 51, Standort Delmenhorst, Rekrut/in, geführt am 11.11.2021.
- Interview 52, Standort Delmenhorst, Rekrut/in, geführt am 11.11.2021.
- Interview 53, Standort Delmenhorst, Rekrut/in, geführt am 10.11.2021.
- Interview 54, Standort Delmenhorst, Rekrut/in, geführt am 11.11.2021.
- Interview 55, Standort Delmenhorst, Rekrut/in, geführt am 11.11.2021.
- Interview 56, Landeskommando in Mainz, Rekrut/in, geführt am 25.01.2022.
- Interview 57, Landeskommando in Mainz, Rekrut/in, geführt am 25.01.2022.
- Interview 58, Landeskommando in Mainz, Rekrut/in, geführt am 25.01.2022.
- Interview 59, Landeskommando in Nienburg, Rekrut/in, geführt am 26.01.2022.
- Interview 60, Landeskommando in Nienburg, Rekrut/in, geführt am 26.01.2022.

Durchgeführte Interviews

- Interview 61, Landeskommando in Nienburg, Rekrut/in, geführt am 26.01.2022.
- Interview 62, Landeskommando in Nienburg, Rekrut/in, geführt am 26.01.2022.
- Interview 63, Landeskommando in Stuttgart, Rekrut/in, geführt am 17.01.2022.
- Interview 64, Landeskommando in Stuttgart, Rekrut/in, geführt am 17.01.2022.
- Interview 65, Landeskommando in Stuttgart, Rekrut/in, geführt am 17.01.2022.

Interviews zur Inneren Führung

- Interview mit Generalmajor André Johannes Bodemann, Kommandeur Zentrum Innere Führung in Koblenz, geführt am 13.09.2021 (per Webex).
- Interview mit Dr. Roger Mielke, Evangelischer Militärdekan am Zentrum Innere Führung in Koblenz, geführt am 23.06.2021 (per Zoom).
- Interview mit Winfried Nachtwei, Beirat für Fragen der Inneren Führung, geführt am 12.07.2021 (per Zoom).
- Interview mit Dr. Klaus Wittmann, Brigadegeneral a.D., geführt am 09.07.2021 (per Zoom).

Interviews im Einsatzführungskommando der Bundeswehr

- Interview mit einem Sprecher des Einsatzführungskommandos der Bundeswehr, geführt am 20.12.2021 (schriftliche Beantwortung der Fragen).

Interviews mit Vertreterinnen und Vertretern aus Streitkräften in Europa

- Interview mit Oberstleutnant Konstantin Bellini, Verteidigungsattaché der Bundesrepublik Deutschland in der Republik Litauen, geführt am 14.07.2021 (per Telefon).
- Interview mit Oberstleutnant Claes Birger Bergström, stellv. Verteidigungsattaché des Königreichs Schweden in der Bundesrepublik Deutschland, geführt am 29.07.2021 (per Zoom).
- Interview mit Dr. Mantas Bileišis (Litauen), Vice-rector for Studies and Research at General Jonas Žemaitis Military Academy of Lithuania, geführt am 21.08.2021 (per Zoom).

Durchgeführte Interviews

- Interview mit Fregattenkapitän Markus Brüggemeier, Verteidigungsattaché der Bundesrepublik Deutschland in Schweden, geführt am 28.07.2021 (per Telefon).
- Interview mit Lieutenant Vytautas Grigauskas (Litauen), Military Conscription Service, geführt am 09.09.2021 (per Microsoft Teams).
- Interview mit Hanna Gunnarsson (Schweden, Linkspartei), Riksdag, Verteidigungsausschuss, geführt am 10.06.2021 (per Zoom).
- Interview mit Pál Jonson (Schweden, Moderate Sammlungspartei), Riksdag, Verteidigungsausschuss, geführt am 19.07.2021 (per Zoom).
- Interview mit Niklas Karlsson (Schweden, Sozialdemokrat), Riksdag, Verteidigungsausschuss, geführt am 19.07.2021 (per Zoom).
- Interview mit General Gilles Mantel, Verteidigungsattaché der Republik Frankreich in der Bundesrepublik Deutschland, geführt am 16.12.2003 und 23.12.2003 in Berlin.
- Interview mit Prof. Dr. Valdas Rakutis (Litauen), Committee on National Security and Defense, geführt am 27.07.2021 (per Zoom).
- Interview mit Oberstleutnant Aras Rimkus, stellv. Verteidigungsattaché der Republik Litauen in der Bundesrepublik Deutschland, geführt am 11.10.2021 (schriftliche Befragung).
- Interview mit Dr. Vaidotas Urbelis, Defense Policy Director des Verteidigungsministeriums der Republik Litauen, geführt am 03.09.2021.
- Interview mit Rasa Juknevičiené, ehemalige Verteidigungsministerin der Republik Litauen, geführt am 30.06.2021.

Interviews mit Vertreterinnen und Vertretern des Zivildienstes/Bundesfreiwilligendienstes

- Interview mit Dr. Jens Kreuter, ehemaliger Bundesbeauftragter für den Zivildienst, geführt am 11.06.2021 (per Zoom).
- Interview mit Edith Kürten, Präsidentin des Bundesamtes für Familie und zivilgesellschaftliche Aufgaben, geführt am 05.06.2021 (schriftliche Beantwortung der Fragen).
- Interview mit Helga Roesgen, ehemalige Präsidentin des Bundesamtes für Zivildienst/Bundesamtes für Familie und zivilgesellschaftliche Aufgaben, geführt am 10.06.2021 in Bergisch Gladbach.

Interviews mit Vertreterinnen und Vertretern des Bevölkerungs- und Katastrophenschutzes

- Interview mit Karl-Heinz Banse, Präsident des Deutschen Feuerwehrverbandes (DFV), geführt am 24.06.2021 (per MS-Teams-Telefonat).
- Interview mit Markus Bensmann, Bereichsleiter Notfallvorsorge des Malteser Hilfsdienstes, geführt am 25.06.2021 (per MS-Teams-Telefonat).
- Interview mit Katrin Klüber, Leiterin des Leitungsstabes des Technischen Hilfswerkes (THW), geführt am 18.06.2021 (per MS-Teams-Telefonat).
- Interview mit Jörg Lüssem, Bundesvorstand der Johanniter-Unfall-Hilfe, geführt am 29.06.2021 (per MS-Teams-Telefonat).
- Interview mit Christian Reuter, Generalsekretär des Deutschen Roten Kreuzes (DRK), geführt am 28.06.2021 (per MS-Teams-Telefonat).
- Interview mit Michael Schnatz, Referatsleiter Bevölkerungsschutz beim Bundesverband des Arbeiter-Samariter-Bundes (ASB), geführt am 24.06-2021 (per MS-Teams-Telefonat).
- Interview mit Ludger Schulte-Hülsmann, Generalsekretär der Deutschen Lebens-Rettungs-Gesellschaft (DLRG), geführt am 24.06.2021 (per MS-Teams-Telefonat).

Interviews mit Vertreterinnen und Vertreter des Deutschen Bundestages

- Interview mit Dr. Fritz Felgentreu (SPD), Verteidigungsausschuss, geführt am 25.06.2021 (per Zoom).
- Interview mit Maika Friemann-Jennert (CDU), Verteidigungsausschuss, geführt am 15.09.2021 (per Zoom).
- Interview mit Andrej Hunko (Die Linke), Auswärtiger Ausschuss (stellv. Mitglied), geführt am 14.10.2021 (per Zoom).
- Interview mit Roderich Kiesewetter (CDU), Auswärtiger Ausschuss, geführt am 28.06.2021 (per Zoom).
- Interview mit Dr. Tobias Lindner (Bündnis 90/Die Grünen), Verteidigungsausschuss, geführt am 20.08.2021 (per Zoom).
- Interview mit Rüdiger Lucassen (AfD), Verteidigungsausschuss, geführt am 19.07.2021 (schriftliche Befragung).
- Interview mit Christoph Matschie (SPD), Auswärtiger Ausschuss, geführt am 20.07.2021 (per Zoom).
- Interview mit Omid Nouripour (Bündnis 90/Die Grünen), Auswärtiger Ausschuss, geführt am 10.08.2021 (per Zoom).

Durchgeführte Interviews

- Interview mit René Springer (AfD), Auswärtiger Ausschuss (stellv. Mitglied), geführt am 9.08.2021 (per Zoom).
- Interview mit Dr. Marie-Agnes Strack-Zimmermann (FDP), Verteidigungsausschuss, geführt am 20.08.2021 (per Telefon).

Literatur

Backhaus-Maul, Holger, Stefan Nährlich und Rudolf Speth. 2011. Der diskrete Charme des neuen Bundesfreiwilligendienstes. Aus *Politik und Zeitgeschichte* (48): 46-53.

Balmer, Rudolf. 2018. Frankreich: Neue Wehrpflicht ohne Waffen. *Die Presse*. 29. April 2018.

Beher, Karin, Peter Cloos, Michael Galuske, Reinhard Liebig und Thomas Rauschenbach. 2003. *Zivildienst und Arbeitsmarkt. Sekundäranalysen und Fallstudien zu den arbeitsmarktpolitischen Effekten des Zivildienstes*. Gutachten im Auftrag des BMFSFJ. Stuttgart: Kohlhammer.

Bellais, Renaud. 2020. *Dienstpflicht statt Wehrdienst. Der service national universel in Frankreich*. Paris: Friedrich-Ebert-Stiftung.

Bieri, Matthias. 2015. Wehrpflicht in Europa: Neue Relevanz. https://ethz.ch//content/dam/ethz/special-interest/gess/cis/center-for-securities-studies/pdfs/CSS-Analyse180-DE.pdf. Zugegriffen: 4. Februar 2022.

Binder, Clemens und Saskia Stachowitsch. 2019. *Die Rückkehr der Geopolitik? Möglichkeiten und Limitation geopolitischer Analysen*. Wien: Österreichisches Institut für Internationale Politik.

Bombeke, Yann. 2021. Start für den Freiwilligen Wehrdienst im Heimatschutz. https://www.dbwv.de/aktuelle-themen/blickpunkt/beitrag/start-fuer-den-freiwilligen-wehrdienst-im-heimatschutz. Zugegriffen: 16. Dezember 2022.

Bongartz, Udo. 2022a. Finnlands Abwehrbereitschaft als Vorbild. https://www.lcm.lv/lettische-presseschau/lettland/lettischer-verteidigungsminister-artis-pabriks-plant-die-wiedereinfuhrung-der-wehrpflicht?gads=2022. Zugegriffen: 22. Dezember 2022.

Bongartz, Udo. 2022b. Bürgerinitiative fordert freiwillige Rekrutierung. https://www.lcm.lv/lettische-presseschau?pp=&b=1&lbu=126734. Zugegriffen: 22. Dezember 2022.

Boysen, Jens. 2022. Die Reform des polnischen Verteidigungsgesetzes und die öffentliche Meinung. https://www.laender-analysen.de/polen-analysen/293/PolenAnalysen293.pdf. Zugegriffen: 22. Dezember 2022.

Bulmahn, Thomas, Rüdiger Fiebig und Carolin Hilpert. 2011. *Sicherheits- und verteidigungspolitisches Meinungsklima in der Bundesrepublik Deutschland. Ergebnisse der Bevölkerungsbefragung 2010 des Sozialwissenschaftlichen Instituts der Bundeswehr*. Strausberg: Sozialwissenschaftliches Institut der Bundeswehr.

Bulmahn, Thomas, Robert Kramer und Claudia Saalbach. 2013. *Sozialwissenschaftliche Begleitstudie zur Evaluation des Freiwilligen Wehrdienstes. Ergebnisse der Erstbefragung der Freiwilligen Wehrdienst Leistenden mit Dienstantritt im Zeitraum von Juli 2011 bis April 2012*. Potsdam: Zentrum für Militärgeschichte und Sozialwissenschaften der Bundeswehr.

Literatur

Bündnis 90/Die Grünen. 2002. *Die Zukunft ist grün. Grundsatzprogramm von Bündnis 90/Die Grünen*. Berlin.

Bündnis 90/Die Grünen. 2009. *Der grüne neue Gesellschaftsvertrag. Klima – Arbeit – Gerechtigkeit – Freiheit*. Berlin.

Bundesministerium der Verteidigung (BMVg). 1992. *Verteidigungspolitische Richtlinien*. Bonn: BMVg.

Bundesministerium der Verteidigung (BMVg). 1997. *1.000 Stichworte zur Bundeswehr*. Hamburg: Verlag E. S. Mittler & Sohn.

Bundesministerium der Verteidigung (BMVg.). 2000. *Neuausrichtung der Bundeswehr. Grobausplanung. Ergebnisse und Entscheidungen*. Berlin: BMVg.

Bundesministerium der Verteidigung (BMVg). 2002. *Wehrpflicht im 21. Jahrhundert. Mehr Sicherheit für alle*. Berlin: BMVg.

Bundesministerium der Verteidigung (BMVg). 2003. *Konzeption für die Reservisten und Reservistinnen der Bundeswehr*. Berlin: BMVg.

Bundesministerium der Verteidigung (BMVg). 2006. *Weißbuch zur Sicherheitspolitik Deutschlands und zur Zukunft der Bundeswehr*. Berlin: BMVg.

Bundesministerium der Verteidigung (BMVg). 2011. *Verteidigungspolitische Richtlinien. Nationale Interessen wahren – Internationale Verantwortung übernehmen – Sicherheit gemeinsam gestalten*. Berlin: BMVg.

Bundesministerium der Verteidigung (BMVg). 2012. *Konzeption der Reserve*. Berlin: BMVg.

Bundesministerium der Verteidigung (BMVg). 2016. *Weißbuch zur Sicherheitspolitik und zur Zukunft der Bundeswehr*. Berlin: BMVg.

Bundesministerium der Verteidigung (BMVg). 2018. *Die Konzeption der Bundeswehr. Ausgewählte Grundlinien der Gesamtkonzeption*. Berlin: BMVg.

Bundesministerium der Verteidigung (BMVg). 2019. *Strategie der Reserve 2019. Vision Reserve 2032+*. Berlin: BMVg.

Bundesministerium der Verteidigung (BMVg). 2021. *Eckpunkte für die Bundeswehr*. Berlin: BMVg.

CDU. 2007. *Freiheit und Sicherheit. Grundsätze für Deutschland. Das Grundsatzprogramm der CDU*. Hannover.

CDU und CSU. 2009. *Wir haben die Kraft. Gemeinsam für unser Land. Regierungsprogramm 2009-2013*. Berlin.

CDU, CSU und FDP. 2009. *Wachstum. Bildung. Zusammenhalt. Der Koalitionsvertrag zwischen CDU, CSU und FDP. 17. Legislaturperiode*. Berlin.

CSU. 2007. *Chancen für alle! In Freiheit und Verantwortung gemeinsam Zukunft gestalten. Das Grundsatzprogramm der CSU*. München.

Deutscher Bundestag, Wissenschaftliche Dienste. 2017. *Entwicklungen der Militärausgaben in Deutschland von 1925 bis 1944 und in der Bundesrepublik Deutschland von 1950 bis 2015 im Verhältnis zur gesamtwirtschaftlichen Leistung*. Berlin: Deutscher Bundestag.

Deutscher Bundestag, Wissenschaftliche Dienste. 2018a. *Zur Aufwuchsfähigkeit der Bundeswehr im Kalten Krieg, in der Nachwendezeit und nach Aussetzung der Wehrpflicht*. Berlin: Deutscher Bundestag.

Deutscher Bundestag, Wissenschaftliche Dienste. 2018b. *Die Wiedereinführung der Wehrpflicht in Schweden*. Berlin: Deutscher Bundestag.

Deutscher Bundestag. 2021. *Antwort der Bundesregierung auf die Kleine Anfrage der Abgeordneten Tobias Pflüger, Andrej Hunko, Christine Buchholz, Heike Hänsel und der Fraktion Die Linke*. Drucksache 19/32003 vom 12. August 2021. Berlin: Deutscher Bundestag.

Dörfler-Dierken, Angelika. 2005. *Ethische Fundamente der Inneren Führung. Baudissins Leitgedanken: Gewissensgeleitetes Individuum – Verantwortlicher Gehorsam – Konflikt- und friedensfähige Mitmenschlichkeit*. Strausberg: Sozialwissenschaftliches Institut der Bundeswehr.

Duffield, John S. 1998. *World Power Forsaken. Political Culture, International Institutions, and German Security Policy After Unification*. Stanford: Stanford University Press.

FDP. 2009. *Für die Freiheit. Wahlprogramm zur Bundestagswahl 2009 der FDP*. Hannover.

Gareis, Sven Bernhard, Peter-Michael Kozielski und Michael Kratschmar. 2001. *Rechtsextreme Orientierungen in Deutschland und ihre Folgen für die Bundeswehr*. Strausberg: Sozialwissenschaftliches Institut der Bundeswehr.

Gläser, Jochen und Grit Laudel. 2010. *Experteninterviews und qualitative Inhaltsanalyse*. 4. Aufl. Wiesbaden: VS Verlag für Sozialwissenschaften.

Glatz, Rainer L, Wibke Hansen, Markus Kaim und Judith Vorrath. 2018. *Die Auslandseinsätze der Bundeswehr im Wandel*. Berlin: Stiftung Wissenschaft und Politik.

Graf, Timo. 2020. Zur Integrationsdimension der Inneren Führung: Eine empirische Betrachtung der öffentlichen Meinung zur gesellschaftlichen Einbindung der Bundeswehr von 2005 bis 2019. In *Jahrbuch Innere Führung 2020. Zur Weiterentwicklung der Inneren Führung: Themen und Inhalte*, hrsg. von Uwe Hartmann, Reinhold Janke und Claus von Rosen, 105-122. Berlin: Carola Harmann Miles-Verlag.

Graf, Timo. 2022. *Zeitenwende im sicherheits- und verteidigungspolitischen Meinungsbild. Ergebnisse der ZMSBw-Bevölkerungsbefragung 2022*. Potsdam: Zentrum für Militärgeschichte und Sozialwissenschaften der Bundeswehr.

Graf, Timo, Markus Steinbrecher, Heiko Biehl und Joel Scherzer. 2022. *Sicherheits- und verteidigungspolitisches Meinungsbild in der Bundesrepublik Deutschland. Ergebnisse und Analysen der Bevölkerungsbefragung 2021*. Potsdam: Zentrum für Militärgeschichte und Sozialwissenschaften der Bundeswehr.

Haltiner, Karl W. 1999. Westeuropas Massenheere am Ende? In *Wehrpflicht und Miliz – Ende einer Epoche? Der europäische Streitkräftewandel und die Schweizer Miliz*, hrsg. von Karl W. Haltiner und Andreas Kühner, 21-27. Baden-Baden: Nomos.

Haß, Rabea. 2016. *Der Freiwillige Wehrdienst in der Bundeswehr. Ein Beitrag zur kritischen Militärsoziologie*. Wiesbaden: Springer VS.

Literatur

Jacob, Gisela. 2015. Zwischen Aufwertung und Indienstnahme. Zur gesellschaftlichen Bedeutung von Freiwilligendiensten. In *Zivil – Gesellschaft – Staat. Freiwilligendienste zwischen staatlicher Steuerung und zivilgesellschaftlicher Gestaltung*, hrsg. von Thomas Bibisidis, Jaana Eichhorn, Ansgar Klein, Christa Perabo und Susanne Rindt, 47-62. Wiesbaden: Springer VS.

Jäger, Thomas. 2019. *Das Ende des amerikanischen Zeitalters. Deutschland und die neue Weltordnung*. Zürich: Orell Füssli Verlag.

Köhler, Horst. 2005. Rede von Bundespräsident Horst Köhler bei der Kommandeurtagung der Bundeswehr in Bonn am 10. Oktober 2005. https://www.bundespraesident.de/SharedDocs/Reden/DE/Horst-Koehler/Reden/2005/10/20051010_Rede_Anlage.pdf;jsessionid=5407D82ACDAFD9A56A6A65413A65C555.2_cid370?__blob=publicationFile&v=2. Zugegriffen: 1. September 2022.

Konferenz für Sicherheit und Zusammenarbeit in Europa (KSZE). 1990. *Charta von Paris für ein neues Europa*. Paris: KSZE.

Kramer, Robert. 2014. *Sozialwissenschaftliche Begleitstudie zur Evaluation des Freiwilligen Wehrdienstes. Ergebnisse der Zweitbefragung der Freiwilligen Wehrdienst Leistenden mit Dienstantritt im Zeitraum von Juli 2011 bis April 2012*. Potsdam: Zentrum für Militärgeschichte und Sozialwissenschaften der Bundeswehr.

Krause, Dan und Michael Staack. 2019. *Die Entwicklung der Sicherheits- und Verteidigungspolitik Deutschlands. Eine Analyse im Spiegel der strategisch-konzeptionellen Grundlagendokumente 2014 bis 2018*. Hamburg: Wissenschaftliches Forum für Internationale Sicherheit.

Krause, Ulf von. 2012. *Die Bundeswehr als Instrument deutscher Außenpolitik*. Wiesbaden: Springer VS.

Kuhlmann, Jürgen und Jean Callaghan. 2003. About the Primacy of Politics over Military Matters: (West) Germany's Appproach of Integrating the Bundeswehr into its Democracy. In *Conscription vs. All-Volunteer Forces in Europe*, hrsg. von Marjan Malešič, 77-101. Baden-Baden: Nomos.

Kulak, Anna, Timo Schummers, Daniel Reichard und Alexander Geiger. 2018. *Guttenbergs Meisterstück? Die Aussetzung der Wehrpflicht*. Koblenz-Landau: Universität Koblenz-Landau.

Mayring, Philipp. 2015. *Qualitative Inhaltsanalyse. Grundlagen und Techniken*. 11. Aufl. Weinheim: Beltz Verlag.

Opitz, Eckardt. 1994. Allgemeine Wehrpflicht – ein Problemaufriss aus historischer Sicht. In *Allgemeine Wehrpflicht. Geschichte – Probleme – Perspektiven*, hrsg. von Eckardt Opitz und Frank S. Rödiger, 9-29. Bremen: Ed. Temmen.

Rongé, Joeri und Giulia Abrate. 2019. Conscription in the European Union Armed Forces: National Trends, Benefits and EU Modernised Service. *Food for Thought* 07-2019. European Army Interoperability Center.

Rudolf, Peter. 2020. Der sino-amerikanische Weltkonflikt. In *Strategische Rivalität zwischen USA und China. Worum es geht, was es für Europa (und andere) bedeutet*, hrsg. von Barbara Lippert und Volker Perthes, 10-12. Berlin: Stiftung Wissenschaft und Politik.

Scholz, Olaf. 2022. Regierungserklärung am 27. Februar 2022. https://www.bundesregierung.de/resource/blob/992814/2131062/78d39dda6647d7f835bbe76713d30c31/bundeskanzler-olaf-scholz-reden-zur-zeitenwende-download-bpa-data.pdf?download=1. Zugegriffen: 22. Dezember 2022.

Schöne, Florian. 2021. *Heimatschutz und Verteidigung. Militärische Dimension einer gesamtgesellschaftlichen Aufgabe.* Berlin: Stiftung Wissenschaft und Politik.

SPD. 2007. *Hamburger Programm. Das Grundsatzprogramm der SPD.* Hamburg.

SPD. 2009. *Sozial und Demokratisch. Anpacken. Für Deutschland. Das Regierungsprogramm der SPD.* Berlin.

Steinmeier, Frank-Walter. 2020. Rede beim Feierlichen Gelöbnis zum 65. Gründungstag der Bundeswehr am 12. November 2020 in Schloss Bellevue. https://www.bundespraesident.de/SharedDocs/Downloads/DE/Reden/2020/11/201112-Geloebnis-Bundeswehr.pdf?__blob=publicationFile. Zugegriffen: 26. August 2022.

Strukturkommission der Bundeswehr. 2010. *Vom Einsatz her denken. Konzentration, Flexibilität, Effizienz.* Berlin: BMVg.

Tian, Nan und Fei Su. 2020. Estimating the Arms Sales of Chinese Companies. https://www.sipri.org/sites/default/files/2020-01/sipriinsight2002_0_0.pdf. Zugegriffen: 6. November 2022.

Trenin, Dmitri. 2019. Die strategische Troika: USA, China und Russland im Jahr 2018. www.institutfuersicherheit.at/die-strategische-troika-usa-china-und-russland-im-jahr-2018/. Zugegriffen: 1. Juli 2020.

Vorhölter, Benjamin. 2021. Strategie der Reserve: Ein Meilenstein kommt im Oktober. https://www.reservistenverband.de/magazin-die-reserve/strategie-der-reserve-ein-meilenstein-kommt-im-oktober/#:~:text=Ab%20dem%201.%20Oktober%202021,und%20Soldaten%20finden%20bereits%20statt. Zugegriffen: 17. November 2022.

Wanner, Meike und Thomas Bulmahn. 2013. *Sicherheits- und verteidigungspolitisches Meinungsklima in der Bundesrepublik Deutschland. Ergebnisse der Bevölkerungsumfrage 2012.* Potsdam: Zentrum für Militärgeschichte und Sozialwissenschaften der Bundeswehr.

Werkner, Ines-Jacqueline. 2004. *Allgemeine Trends und Entwicklungslinien in den europäischen Wehrsystemen.* Strausberg: SOWI.

Werkner, Ines-Jacqueline. 2006. *Wehrpflicht oder Freiwilligenarmee? Wehrstrukturentscheidungen im europäischen Vergleich.* Frankfurt a.M.: Peter Lang.

Wiesendahl, Elmar. 2007. Zur Aktualität der Inneren Führung von Baudissin für das 21. Jahrhundert. Ein analytischer Bezugsrahmen. In *Innere Führung für das 21. Jahrhundert. Die Bundeswehr und das Erbe Baudissins*, hrsg. von Elmar Wiesendahl, 11-28. Paderborn: Schöningh.

Wittmann, Klaus. 2022. Die NATO und das Mindset in Bundeswehr und deutscher Öffentlichkeit. In *Jahrbuch Innere Führung 2021/22. Ein neues Mindset Landes- und Bündnisverteidigung?*, hrsg. von Uwe Hartmann, Reinhold Janke und Claus von Rosen, 49-80. Berlin: Carola Hartmann Miles-Verlag.

Zoll, Ralf. 2002. Militär. In *Handwörterbuch zur politischen Kultur der Bundesrepublik Deutschland*, hrsg. von Martin und Sylvia Greiffenhagen, 265-271. 2. Aufl. Wiesbaden: Westdeutscher Verlag.